国保札记

罗哲文 题

——面向公众的文化遗产研究随笔

滕磊 著

科学出版社

北京

图书在版编目（CIP）数据

国保札记：面向公众的文化遗产研究随笔/滕磊著.—北京：科学出版社，2012.6
 ISBN 978-7-03-034588-2

Ⅰ.①国…Ⅱ.①滕…Ⅲ.①文化遗产—保护—中国—文集 Ⅳ.①K203-53
 中国版本图书馆CIP数据核字（2012）第114921号

责任编辑　闫向东　樊　鑫
责任校对　宋玲玲
责任印制　赵德静
封面设计　美光制版
出版发行　科学出版社
　　　　　北京东黄城根北街16号
邮政编码　100717
网　　址　http://www.sciencep.com
印　　刷　中国科学院印刷厂
经　　销　新华书店
版　　次　2012年6月第一版　2012年6月第一次印刷
开　　本　720毫米×1000毫米　B5
印　　张　16 1/2
字　　数　303 000
定　　价　45.00元

（如有印装质量问题，我社负责调换）

代　　序

　　古遗址、古墓葬、古建筑、石窟寺石刻、近现代史迹及代表性建筑等，都是人类生产、生活的实物遗存，作为中华文明的记忆，它们真实地记录着中华民族繁衍生息的历程。

　　新中国成立初期，以郑振铎、王冶秋为代表的老一辈文物工作者，付出了巨大的心血和汗水，结合中国的实情提出了文物分级保护的方针。在众多的不可移动文物中，历史内涵愈丰，科技含量愈多，艺术水平愈高者，则文物价值越高，理应得到更多的重视和保护。1961年，180处不可移动文物纳入国家级的重点保护对象，被公布为全国重点文物保护单位（"国保"）。

　　此后，"国保"的评定、公布和保护工作成为国家文物局的重要工作内容。去年春天，"国保"的公布迎来了第50个年头。风雨兼程，春华秋实。在历任党和国家领导人的亲切关怀下，在国家文物局的积极努力下，绝大多数的"国保"得到了妥善的保护。从早期以"两重两利"为原则的《文物保护管理暂行条例》到强调"保护为主、抢救第一、合理利用、加强管理"工作方针的《中华人民共和国文物保护法》，以及一系列部门规章制度，有效制止了工农业生产、城镇建设和人民生活对众多不可移动文物的破坏。多年来，为配合国家经济建设对古遗址、古墓葬的调查勘探和发掘，建立了中国考古学体系，也为重建古史走上康庄大道。国家财政拨专款抢救了一批濒危的"国保"。尤其是改革开放以前的30年，国家百废待兴、积贫积弱，仍勒紧裤腰带维修文物确实是件了不起的事情！这样的例子有很多，如1973年周恩来总理陪同法国总统蓬皮杜参观云冈石窟，对于石窟面临的严重风化和裂隙危险，他婉拒了蓬皮杜提出的援助，当着各国记者承诺用三年的时间给予维修。随后中央政府拨款130万元，到

1976年维修工程准时完工，彰显出国家保护文物的决心和毅力。除此之外，大型的维修工程还有善化寺、广胜寺、独乐寺、敦煌莫高窟、乐山大佛、大足石刻等。

改革开放以来，文物保护事业蒸蒸日上，尤其是进入21世纪以来，国际文化遗产保护的理念不断拓展和深化，文物保护队伍不断壮大，科技水平不断增强，社会关注度持续提高，文物保护呈现出一派欣欣向荣的景象。然而，随着经济全球化趋势和现代化进程不断加快，我国经济社会持续快速发展和大规模经济建设持续高涨，文化遗产保护事业也遇到了前所未有的挑战，发展与保护的矛盾日益突出，原有的文化生存土壤正在以惊人的速度消失。

《国保札记》正是在这样的一种背景下完成的。文物保护不仅仅是文物工作者的事情，更应该是全社会共同的责任。保护文物首先要让大家了解文物，认识它们的价值。滕磊同志通过多年的学习和工作，记录下百余处"国保"，内容涉及遗址、墓葬、建筑、石窟寺及石刻等，其中绝大多数都是他走过看过研究过的。这样的心得体会才是最真实、最准确的。书中通俗流畅的笔法、图文并茂的描述，让读者更加容易理解专业的知识，更加明白我们为什么要保护这些珍贵的文物。同时，字里行间我们也看到了新中国成立以来文物事业发生的翻天覆地的变化，感受到当前文物保护面临的严峻形势。

与两千多处"国保"和几十万处不可移动文物的总数相比，书中涉及的百余处"国保"还很少，希望滕磊同志在今后的工作中再接再厉，将更多的"国保"呈现给读者。

简述拙见一二，以为序！

黄景略
壬辰年正月于北京亚运村

自　序

清晨的第一缕阳光正唤醒大地，文明的记忆也随之苏醒，静静地等待着后人的检阅……文明的记忆是今人对"文物"、"文化遗产"一种美丽、抽象的形容，"文物"一词源于中国，历史悠久。

距今2700多年前，中国进入春秋时期，周王室逐渐式微，分封各地的王侯之间不断发生战争，攻池略地，周代的统治面临分崩离析，礼仪制度也处于礼崩乐坏的危险边缘。此时位居山东的鲁国国势正盛，鲁桓公在位的第二年四月，他接受宋国大夫华督的贿赂，那是一座原属于郜国的传国大鼎，把它放进了自己的太庙，这引起了朝中百官的议论。鼎在当时代表权力，传国大鼎更是国家的象征，接受别国的传国大鼎作为贿赂，还明目张胆地放进自己的太庙，这与礼制不符啊？大臣臧哀伯规劝桓公说："作为百姓的君主，要发扬德行，避免违反礼仪。"桓公不语，他继续劝道："夫德，俭而有度，登降有数，文物以纪之，声明以发之；以临百官，百官于是乎戒惧而不敢易纪律。""国家的衰败，是由于官吏不走正道。官吏丧失德行，则是由于国君宠爱和贿赂风行的缘故。郜鼎放在鲁国的太庙，还有比这更公开的贿赂吗？"（《左传·桓公二年》）规劝的结果可想而知，桓公自然充耳不闻，郜鼎依旧陈设在太庙。然而这段话中提到的"文物"一词却作为最早的文献记载流传下来，作为礼乐、典章制度的统称，含义与我们今人对文物的理解完全不同。以这样的涵义，它一直沿用到秦汉以后。

魏晋南北朝时期是中华民族大融合的重要时期，在外来民族、宗教和文化的不断碰撞下，各种新思潮、新事物不断涌现，"文物"一词也增加了新的含义。中国道教发展的重要人物，东晋的葛洪在《抱朴子》中有"宫室居处则有堵雉之限，冠盖旌旗则有文物之饰"一句，而南朝的文学评论家刘勰在《文心雕龙》中也有"诗云'为章於天',谓文明也。其在文物,赤白曰章"的表述,其中的"文物"一词有文采物色之意。此外,它还有车服旌旗仪仗的涵义。如南朝文学家谢庄《宋孝武帝哀策文》:"文物空严,銮和虚卫。"

唐宋以降,文物有了古代遗物、古物的意思,这一涵义开始接近今人的理解。如唐代颜师古《等慈寺碑》:"即倾许之人徒,收亡隋之文物。" 杜牧诗:"六朝文物草连天,天淡云闲今古同"。宋代文天祥《跋诚斋〈锦江文稿〉》:"呜呼!庚申一变, 瑞之文物煨烬十九。"北宋中叶,以吕大临和李清照丈夫赵明诚等人为代表,以青铜器、石刻为主要研究对象的"金石学"兴起,以后又逐渐扩大到研究其他各种古代器物,他们把这些器物统称之为"古器物"或"古物"。及至清代,由于受到乾嘉学派的影响,金石学达到鼎盛。"古物"的研究范围不断扩大,铜镜、兵符、砖瓦、封泥、甲骨和简牍等都囊括其中,并扩及明器和各种杂器,称呼也增加了"古董"、"骨董"和"古玩"等。这些不同的名称,涵义基本相同,它们与"文物"一词常常替换使用。

民国时期,上述这些词汇的概念和内涵比过去更为广泛。如1930年国民党政府颁布的《古物保存法》明确规定:"本法所称'古物'是指与考古学、历史学、古生物学及其他与文化有关之一切古物而言。"1935年北平市政府编辑出版了《旧都文物略》,同年成立了专门负责研究、修整古代建筑的"北平文物整理委员会"。显然,自20世纪30年代开始,"文物"、"古物"的概念已经不仅仅指向青铜器、书画、碑帖等古代遗物,同样也包括了古建筑、古遗址、石窟寺等古迹遗存。

中华人民共和国成立以后,由中央人民政府政务院以及后来的国务院所颁布的一系列有关保护文物的法规,都沿用了"文物"一词。但是指向却不尽相同,如《现代汉语词典》称文物是:"历史遗留下来的在文化发展史上有价值的东西,如建筑、碑刻、工具、武器、生活器皿和各种艺术品。"《辞海》对文物的解释是:"遗存在社会上或埋藏在地下的历史文化遗物,一般包括:①与重大历史事件、革命运动和重要人物有关的、具有纪念意义和历史价值的建筑物、遗址、纪念物等;②具有历史、艺术、科学价值的古文化遗址、古墓群、古建筑、石窟寺、石刻等；③各时代有价值的艺术品、工艺美术品；④革命文献资料以及具有历史、艺术和科学价值的古旧图书资料；⑤反映各时代社会制度、社会生产、社会生活的代表性实物。"

直到1982年全国人民代表大会常务委员会首次通过《中华人民共和国文物保护法》，才把"文物"一词及其所包括的内容用法律形式固定下来：

"在中华人民共和国境内，下列文物受国家保护：①具有历史、艺术、科学价值的古文化遗址、古墓葬、古建筑、石窟寺和石刻、壁画；②与重大历史事件、革命运动和著名人物有关的以及具有重要纪念意义、教育意义或者史料价值的近代现代重要史迹、实物、代表性建筑；③历史上各时代珍贵的艺术品、工艺美术品；④历史上各时代重要的文献资料以及具有历史、艺术、科学价值的手稿和图书资料等；⑤反映历史上各时代、各民族社会制度、社会生产、社会生活的代表性实物。"[1]

《文物保护法》公布以后，还经过数次修订，其中2002年的修订比较全面。这次修订提出了"可移动文物"和"不可移动文物"的新概念。这两个词汇乍一听很拗口，实际上却很容易理解。故宫的宫殿建筑体积庞大，凭借人力很难移动，而宫殿中的摆设，家具、字画、瓷器等则容易移动；秦始皇陵和兵马俑规模宏大，同样是很难移动的，而每一件兵马俑则比较容易移走。专家们正是用这种简便的思维方式，将文物分作"可移动"和"不可移动"两大类，比较而言，历史上各时代重要实物、艺术品、文献、手稿、图书资料、代表性实物等，由于体积相对较小，很容易移动，所以称之为"可移动文物"；而古文化遗址、古墓葬、古建筑、石窟寺、石刻、壁画、近代现代重要史迹和代表性建筑等，具有体积大、不容易移动的特点，因此被冠以"不可移动文物"的称呼。据统计，全国各地馆藏的"可移动文物"计有2300多万件，而私人收藏的可移动文物更是不计其数。就"不可移动文物"而言，2007~2011年开展的第三次全国文物普查显示，我国拥有约77万处不可移动文物。

回顾"文物"概念的演变历程可以看出，2700多年来它的含义发生了很大的变化，内涵不断扩展。与之相比，"文化遗产"的内涵和外延更加宽广,这一概念来自西方,20世纪80年代进入中国。

1984年,著名历史地理学家、中科院院士侯仁之教授到美国康奈尔大学讲学,他了解到联合国教科文组织1972年在巴黎通过了一个《保护世界文化和自然遗产公约》。这个公约针对全世界各国越来越多的受到破坏的具有突出普遍价值的文化和自然遗产,希望能通过提供集体性援助来保护这些属于全人类的共同遗产。按照公约中的定义,中国的许多文物完全符合世界文化遗产的条件,我们是不是应该放眼世界,大胆地走出去,把中国的文物保护与世界相接轨呢?侯老心动了,如果签署这份公约,成为联合国教科文组织缔约国对于保护祖国的文物意义将是多么重大!

于是在1985年召开的第六届全国政协第三次会议上,一份由侯老倡议,阳含熙、罗哲文、郑孝燮共同签名,建议中国参加《保护世界文化和自然遗产公约》的663号提案引起了与会代表的关注,很快它就被送交给全国人大审议。11月,全国人大常委会正式批准中国参加《保护世界文化和自然遗产公约》。两年后,"故宫"、"长城"、"秦始皇陵"、"敦煌莫高窟"、"北京周口店猿人遗址"等5处不可移动文物成为中国第一批入选世界文化遗产名录的文物[2]。至此,中国的文物保护事业走向了世界,"文化遗产"(cultural heritage)的概念也被引入中国。

《保护世界文化和自然遗产公约》对文化遗产的定义有纪念物(monuments)、建筑群(groups of buildings)、遗址(sites)三条。关于纪念物的解释为:从历史、艺术或科学角度看具有突出的普遍价值的建筑物、碑刻和绘画、具有考古性质成分或结构、铭文、窟洞以及联合体。关于建筑群的解释为:从历史、艺术或科学角度看,在建筑式样、分布均匀或与环境景色结合方面具有突出的普遍价值的单体或建筑群。关于遗址的解释为:从历史、审美、人种学或人类学角度看具有突出普遍价值的人类工程或自然与人联合工程以及考古遗址等。

从定义上看,国际社会在1972年界定的"文化遗产"与我国的"不可移动文物"的概念更为接近,而"可移动文物"在西方往往被视作艺术品。也许是因为"文化遗产"和"文物"的概念并不相同,"文化遗产"一词在中国并没有得到广泛的认同和使用。这种情况一直持续到21世纪,在此期间，国际社会对于"文化遗产"的认识和理解并没有停滞不前，随着1994年日本《奈良真实性文件》、1999年澳大利亚《巴拉宪章》、2001年联合国教科文组织《保护水下文化遗产公约》、2003年越南《亚洲历史街区保护会安宣言》和联合国教科文组织《保护非物质文化遗产公约》、《下塔吉尔宪章》以及2004年日本《关于保护物质和非物质文化遗产的整体方法的大和宣言》等一系列文件的先后出台，文化多样性和遗产多样性被充分认识，"文化遗产"的内涵和外延不断扩大，它已经超出了"不可移动文物"所包含的有形的"物"的概念，还包括精神、意识、风俗习惯等无形的"非物质"的含义[3]，所有具有文化价值的资源，如历史名城、建筑物、考古遗址、文化景观、实物以及各种惯例、表现、表达方式、知识和技能都囊括其中。

前任的国家文物局局长单霁翔是推动"文物保护"走向"文化遗产保护"的有力执行者，在他的努力下，2005年12月国务院发出的《关于加强文化遗产保护的通知》，这是中国政府首次在文件中使用"文化遗产"取代"文物"，堪称里程碑，标志着中国的文化遗产保护事业正式与国际接轨，全新的"文化遗产"理念开始指导我国的文物保护事业。

从时间上看，过去我们对文物的认定往往根据时间的远近，如果不够"古老"就不属于文物，就不需要保护。现在已经不再限定时间，凡是具有历史、科学和艺术价值，且实际存在的不可移动历史文化遗存，均应被认定为不可移动文物。从空间上看，过去我们的认定往往局限在单体的"点"或"面"上，如今已将空间范围扩大到更加广泛的"大型文化遗产"、"线型文化遗产"和"文化线路"、"文化空间"上面。从要素上看，过去我们的认定往往着眼于单一文化要素，而不重视自然要素。如今将兼具文化和自然复合特征的"文化景观"也一并纳入[4]。从类型上看，过去我们的认定往往着眼于"静态遗产"，认为文物一定是不可再生的、静止不变的。现在以新的理念看，它完全可以是动态的、发展变化的和充满生活气息的，像古代的运河、种植业、酒窖、工厂、历史文化街区、历史文化村镇等仍保持着原有使用功能的"活态遗产"也被纳入到普查的范畴。从价值上看，过去我们的认定往往重视皇家宫殿、帝王陵寝、庙堂建筑、纪念性史迹等重要史迹和代表性建筑，重精英文化、正统文化，如今将反映普通民众生活、生产方式的"民间文化遗产"，如传统民居、乡土建筑、老字号、工业遗产[5]等也记录下来，真实地还原历史。正如刘庆柱先生所说："历史是多面而立体的。把时段拉长，把视角放宽，才能更客观、更全面地检视历史……"

新世纪的中国文物事业完成了从文物走向文化遗产的理论跨越，而本书的写作也正是在这样一个大背景下完成的。

《国保札记》顾名思义是对"国保"的一些研究记录，心得和体会。"国保"一词是全国重点文物保护单位的简称，指的是具有重要历史、艺术、科学价值的"不可移动文物"。作为新中国的首创，它的评定和公布是新中国成立以来的一项重大文物保护举措。自1961年3月4日第一批"国保"公布以来，在50年的时间里，国家先后公布了六批2352处"国保"。其中许多都是名胜古迹，如故宫、八达岭长城、山海关、嘉峪关、十三陵、颐和园、清东陵、清西陵、曲阜孔庙、孔府、孔林、殷墟、秦始皇陵、云冈石窟、龙门石窟、莫高窟、布达拉宫，等等。它们有些是皇宫禁苑，自古多神秘；有些则是人们的旅游休闲之地，信众们的顶礼膜拜之所，历来是文人骚客纵情肆意的泼墨对象。历代的志书、游记也多留有记载，如北魏的《水经注》，唐朝的《元和郡县志》、《括地志》，明代的《徐霞客游记》，清代的《日下旧闻》、《钦定日下旧闻考》等都是这方面的重要著作。此外各地通志、州志、县志等也有详略不等的记述，有的还配有图示。对于今天的读者而言，有些"国保"早已熟知，而有些"国保"还很陌生。笔者在学习文物考古和从事文物工作的20年间，有机会走近很多"国保"，得以对其中的一些有一定的了解和研究，本书的主要内容也正是基于此。

本书的另外一个写作目的是为了"正名"，正什么名呢？近年来，随着我国国力的日益增强，国内民间收藏"可移动文物"热火朝天，至今仍高烧不退，各种鉴宝、寻宝、拍卖活动比比皆是，"国宝"一词成为人们街头巷尾热议的焦点，也不知是从何时起，它已经成为珍贵文物、无价之宝的代名词。其实大家有所不知，官方和学术界对文物的认定中并没有"国宝"的概念。它仅仅是民间对于珍贵文物的一种惯称罢了，相对于"国宝"而言，倒是"国保"一词是实实在在的。笔者也希望通过这本书，让更多的公众了解"国保"，了解它的诞生和发展过程，进而关心它，尊重它，保护它，使这些珍贵的文化遗产得以传承下去。

本书的第三个写作目的是为了呼吁。由于历史的原因，新中国成立以来积贫积弱，过去不仅没钱保护文物，也没钱破坏文物，多数被破坏的文物都是众所周知的"破四旧"和"文革"造成。改革开放以来，尤其是近二十年来，国家经济迅猛发展，多数地方政府都有了钱，但是文物保护的局面非但没有缓解，反而更加严峻。各地经济建设、城乡改造如火如荼，许多历史街区、老建筑、文化遗址不断遭到侵蚀，正面临彻底毁坏的危险。有的地方更是不惜违法破坏文物，时常造成不可挽回的后果。正是在这种严峻的形势下，笔者希望通过这本书，通过"国保"反映出我国的文物保护现状，借此呼吁社会各界关心和支持文物事业。

近年来随着国人文化素养的日益提高，对于文化的需求不断增强，专业工作者们已经意识到把枯燥的专业知识深入浅出地表达出来对于普及文化知识的重要性，因此"公众考古"、"走进博物馆"等文化活动在各地广泛开展，受到了公众的欢迎。本书采用随笔的写作风格，从公众的视角把自己的所学所知通俗地作一介绍，也正是有此考虑。

笔者水平有限，书中不当之处，敬请谅解！

注　释

[1]　1982年以后，全国人大对《中华人民共和国文物保护法》进行过几次修订，这段引文摘自2002年修订版的《文物保护法》。

[2]　截至2011年，中国的世界遗产共41项，位列世界第三。其中文化遗产（26项）：长城，明清皇宫（北京故宫、沈阳故宫），陕西秦始皇陵及兵马俑，甘肃敦煌莫高窟，北京周口店北京猿人遗址，西藏布达拉宫（大昭寺、罗布林卡），河北承德避暑山庄及周围寺庙，山东曲阜的孔庙、孔府及孔林，湖北武当山古建筑群，云南丽江古城，山西平遥古城，江苏苏州古典园林，北京颐和园，北京天坛，重庆大足石刻，四川青城山和都江堰，河南洛阳龙门

石窟，明清皇家陵寝：明显陵（湖北钟祥市）、清东陵（河北遵化市）、清西陵（河北易县）、明孝陵（江苏南京市）、十三陵（北京）、盛京三陵（辽宁沈阳市），安徽皖南古村落：西递、宏村，山西大同云冈石窟，吉林高句丽王城、王陵及贵族墓葬，澳门历史城区，河南安阳殷墟，广东开平碉楼与村落，福建土楼，登封"天地之中"历史建筑群；自然遗产（7项）：湖南武陵源国家级名胜区，四川九寨沟国家级名胜区，四川黄龙国家级名胜区，云南三江并流，四川大熊猫栖息地，中国南方喀斯特，江西三清山；文化与自然双重遗产（4项）：山东泰山，安徽黄山，四川峨眉山-乐山风景名胜区，福建武夷山；文化景观（3项）：江西庐山风景名胜区，山西五台山，杭州西湖文化景观。

[3]　"非物质文化遗产"（又称无形文化遗产）是指被各社区、团体甚至个人视为其文化遗产的各种惯例、表现、表达方式、知识和技能以及与此相关的工具、实物、工艺品和文化场所（《保护非物质文化遗产公约》）。目前，中国的昆曲、古琴艺术、新疆木卡姆、蒙古长调、端午节、中国书法、中国篆刻、中国剪纸、中国雕版印刷技艺、中国传统木结构营造技艺、中国传统桑蚕丝织技艺、龙泉青瓷传统烧制技艺、妈祖信俗、南音、南京云锦织造技艺、宣纸传统制作技艺、侗族大歌、粤剧、格萨（斯）尔、热贡艺术、藏戏、玛纳斯、花儿、西安鼓乐、中国朝鲜族农乐舞、呼麦、针灸、京剧和皮影戏等29个项目先后列入联合国教科文组织"人类非物质文化遗产代表作名录"，位居世界第一。

[4]　文化景观是指与历史事件、活动、人物相关或展示出其他的文化或美学价值的地理区域，包括其中的文化和自然资源以及野生动物或家禽家畜（《会安草案》）。中国的庐山、五台山和杭州西湖作为文化景观被列入《世界遗产名录》，"红河哈尼梯田"作为文化景观已经被列入《中国世界文化遗产预备名单》。

[5]　工业遗产是具有历史价值、技术价值、社会意义、建筑或科研价值的工业文化遗存。包括建筑物和机械、车间、磨坊、工厂、矿山以及相关的加工提炼场地，仓库和店铺，生产、传输和使用能源的场所，交通基础设施，除此之外，还有与工业生产相关的其他社会活动场所，如住房供给、宗教崇拜或者教育（《下塔吉尔宪章》）。2006年，国务院公布的第六批"国保"中，有黄崖洞兵工厂旧址、中东铁路建筑群、青岛啤酒厂早期建筑、汉冶萍煤铁厂矿旧址、石龙坝水电站、个旧鸡街火车站、钱塘江大桥、酒泉卫星发射中心导弹卫星发射场遗址和南通大生纱厂等9处近现代工业遗产。

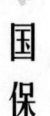

目　录

代序　黄景略 / i

自序 / iii

综　合　篇

"国保"的诞生 / 3

首批"国保"180处 / 8

2348还是2352 / 16

"国保"风雨五十年 / 20

专　题　篇

梁思成与中国早期木构建筑 / 29

季羡林与"国保"二三事 / 38

"国保"文物看道教 / 41

古桥奇葩 / 48

跨越时空清宫过大年 / 57

百年辛亥话"国保" / 65

遗　址　篇

古都古城 / 85

古代瓷窑 / 100

其他遗址 / 114

墓　葬　篇

古代王陵 / 125
其他墓葬 / 138

建　筑　篇

宫廷府第 / 147
城墙关堡 / 160
园囿楼阁 / 172
宗教建筑 / 179
祠堂坛庙 / 206
村落民居 / 219
学校馆舍 / 228

石 窟 寺 篇

后记 / 245

综合篇

"国保"的诞生

"国保"就是"全国重点文物保护单位"的简称，指的是具有重要历史、艺术、科学价值的"不可移动文物"。古文化遗址、古墓葬、古建筑、石窟寺、石刻、壁画、近代现代重要史迹和代表性建筑等均属于不可移动文物。

1961年3月4日，国务院正式公布了第一批共计180处"国保"。在积贫积弱的新中国成立初期，百废待兴，国家为什么要公布"国保"，出于什么考虑？这还要从新中国成立前说起……

1948年11月，人民解放军包围北平时，为保护城内的众多文物尽可能免受战火破坏，毛泽东主席急电在前线作战的林彪、罗荣桓、刘亚楼等人，要求注意保护清华、燕京等学校及名胜古迹等[1]。为此，前线指挥部特请古建筑专家梁思成提供一个需要保护的文物建筑简目，梁先生根据营造学社对中国古代建筑的调查和研究情况，编撰了《全国重要建筑文物简目》，共登录古建筑450余处[2]。解放军用这份《简目》作为攻城的文物保护手册，当然最后的结果皆大欢喜，北京和平解放，文物完好无损。尽管这份《简目》没有派上用途，但是却为后来的文物摸家底和公布"国保"提供了重要参考。

新中国成立以后，全国各地面临着恢复生产和城市建设、改造等问题，它们与文物的矛盾冲突时有发生。为此，1950年5月24日，中央人民政府政务院通令颁布了《古文化遗址及古墓葬之调查发掘暂行办法》，明令"各大行政区人民政府或军政委员会及各省市人民政府，应调查所辖境内有重大历史价值的公共或私人所有之古文化遗址及古墓葬，予以保护，并呈报中央人民政府文化部登记"。同年7月，文化部文物局还组织了雁北文物勘查团，对山西广武汉墓群进行了调查，并出版了《雁北文物勘察

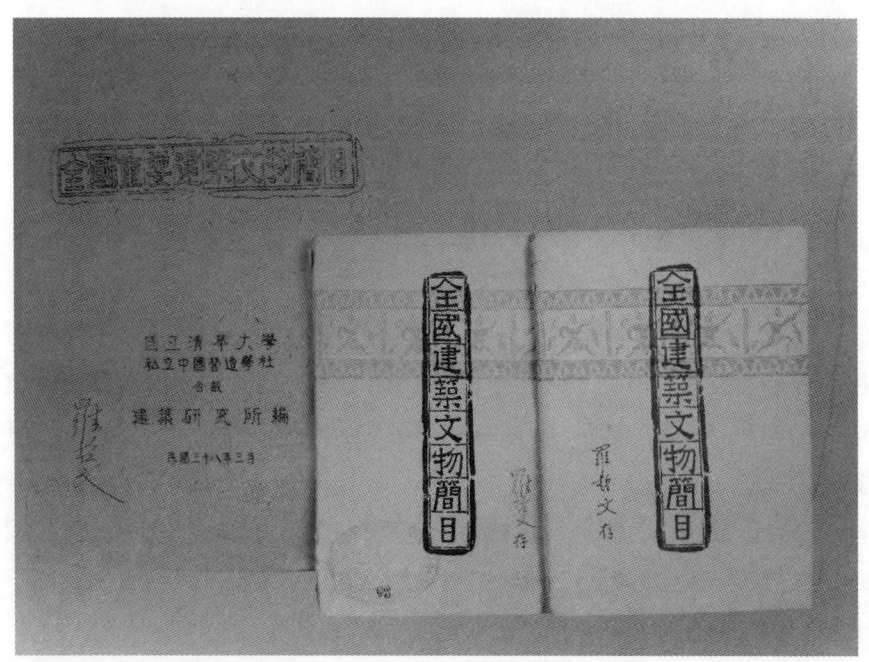

罗哲文存1949年梁思成主持编写的《全国重要建筑文物简目》，1950年文化部文物局重印

团报告》一书。郑振铎为该书作序，强调要重视文物的保护、调查和研究工作[3]。1953年，北京市曾召开过一个会议，与会人员就某些文物该不该保护的问题进行了激烈的讨论。郑振铎表态说："要把北京有价值的文物进行彻底调查，调查清楚再来讨论保护的问题。"新中国史上第一次文物普查摸家底的工作自此从北京开始，逐渐发展到全国。

1956年4月2日，国务院在《关于在农业生产建设中保护文物的通知》中第一次提出了文物普查和建立文物保护单位的要求，"必须在全国范围内对历史和革命文物遗迹进行普查调查工作……分批分期地由文化部报告国务院批准，置于国家保护之列"。经过普查以后，由相关省市相继公布了大约5572处文物保护单位名单，这也为"国保"的认定工作奠定了工作基础[4]。

为了解决生产建设与文物的矛盾冲突问题，当时主管文物工作的郑振铎、王冶秋同志进行了认真的调查和研究。1953年，郑振铎还专门撰写

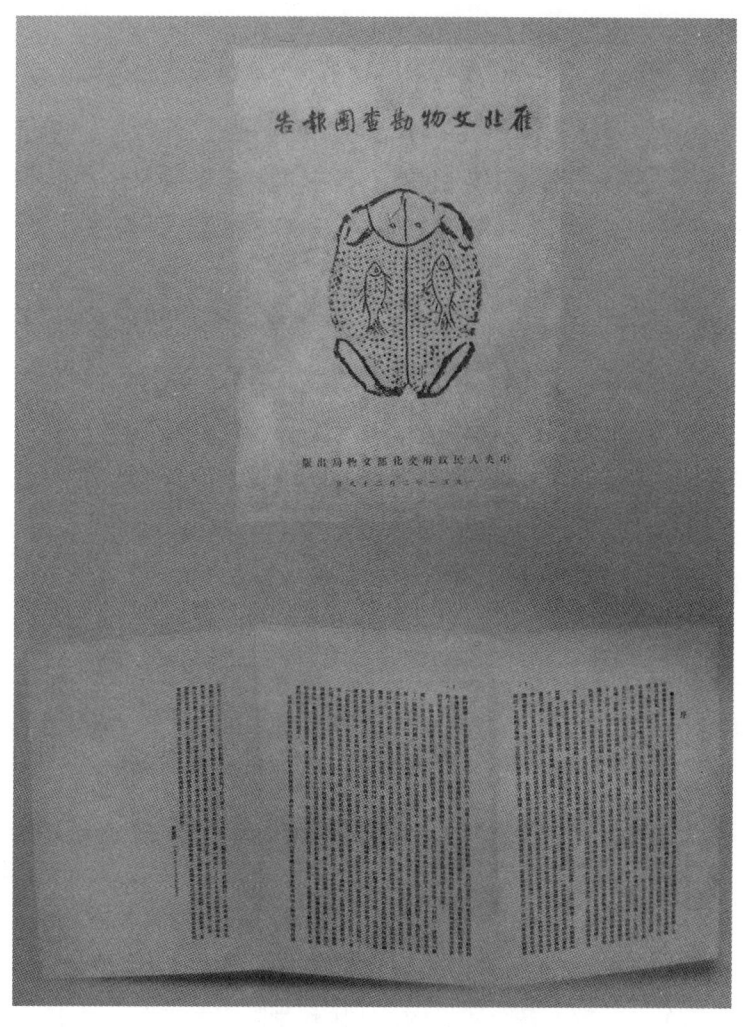

《雁北文物勘查团报告》封面及郑振铎所作序

了《基本建设与古文物保护工作》的小册子，广泛印刷宣传[5]。同年，王冶秋在调研和处理基本建设和文物保护的一些问题时，提出了可以在一些重要的地区划出一块保护区，暂不在保护区范围安排基建工程，以便有足够的人力、物力在经批准进行基建工程的地区先行钻探，进行重点发掘的方案。这样，既解决了发掘质量的问题，又前置性地保护了一些重要的文化遗址免遭破坏[6]。1956年2月，郑振铎和王冶秋分别在全国基本建设工作会和全国考古工作会议上发表了讲话，着重谈到了文物考古的"重点保护、重点发掘"问题，提出了文物考古工作应"既利于工程进行，又利于文物保护"的基本思想。1958年3月，文化部在北京召集16个省、市、自治区文化部门开了一个全国文物、博物馆工作会议，会上，王冶秋在发言中系统归纳了前一阶段文物考古工作的基本经验和基本方法，代表文物局正式提出了"文物保护坚决贯彻配合国家经济建设，重点保护、重点发掘，既对国家建设有利，又对文物保护工作有利"的"两重两利"方针[7]。而"国保"的诞生也正是"重点保护"文物工作方针的具体体现。

除了文物摸家底和"两重两利"的文物工作方针以外，文物专业培训也是"国保"诞生的重要基础。

新中国成立以后，针对各地文物工作者缺乏的现状，国家文化主管部门加快了文物专业人员的培训上岗工作。从1952年8月起，文化部、中国科学院和北京大学联合，每年举办一期考古人员训练班。至1955年第四期结束后，共培训毕业了341人。从1952年10月起，文化部又委托北京文物整理委员会不定期举办古建筑培训班。同时多次派出人员到东欧国家学习文物保护技术[8]。经过专业培训的学员成为各省、市（自治区）从事考古发掘、文物保护和管理的主要骨干力量，也为"国保"公布后的管理和保护工作奠定了人才基础。

通过近十年的文物保护工作理论和实践，新中国的文物保护管理体系初见成效。第一批"国保"单位的诞生自然也是水到渠成的事情。1961年3月4日，国务院向各省、自治区、直辖市人民委员会，各部、各委员会，国务院各办公室、各直属机构，中国科学院正式下发《关于公布第一批全国重点文物保护单位的通知》，同意文化部提出的第一批"国保"共计180处的名单。要求文化部继续在省级文物保护单位中选择具有重大历史、艺术、科学价值的，分批报国务院核定公布。"国保"自此诞生，这也成为新中国文物事业具有里程碑意义的一件大事。

注　释

[1]　国家文物局：《春华秋实——国家文物局60年纪事》，文物出版社，2010

年，第18页。

[2] 国立清华大学、私立中国营造学社合设建筑研究所：《全国重要文物建筑简目》，1949年。

[3] 中央人民政府文化部文物局：《雁北文物勘察团报告》，1951年。

[4] 国家文物局：《春华秋实——国家文物局60年纪事》，文物出版社，2010年，第38页。

[5] 中华全国科学技术普及协会主编，郑振铎著：《基本建设与古文物保护工作》，1953年。

[6] 彭常新：《文物考古基本方针的形成与完善》，《中国文物报》2010年5月14日第5版。

[7] 彭常新：《文物考古基本方针的形成与完善》，《中国文物报》2010年5月14日第5版。

[8] 国家文物局：《春华秋实——国家文物局60年纪事》，文物出版社，2010年，第28~31页。

首批"国保"180处

为什么1961年文化部提交的第一批"国保"名单为180处？笔者就此请教过罗哲文先生，在他的印象中文化部也没有组织过大规模的讨论，这180处数字如何提出我们现在已无从知晓，但是据说在国务院讨论第一批"国保"名单的会议上曾闹出一个误会，当时主持会议的国务院副总理陈毅同志认为中国这样一个历史悠久的文明古国，仅有180处"国保"太少。他说"如果这个名单通过了，我作为主持人就对不起我们的祖宗和子孙后代"。文化部有关同志急忙解释说，这只是第一批"国保"，今后还会分批地陆续公布。这样，陈毅同志才表示同意。

众所周知，中华文明源远流长，文化遗产浩如烟海。谁能成为首批180处"国保"中的一员，其中的决策过程自然不那么简单。如果要让大家选择，每人心中也都会有自己的答案。我们不妨来看看当年国务院的选择。这180处"国保"分为"革命遗址及革命纪念建筑物"、"石窟寺"、"古建筑及历史纪念建筑物"、"石刻及其他"、"古遗址"、"古墓葬"六大类，其中第一大类包括三元里平英团遗址、金田起义地址、太平天国忠王府、韶山冲毛主席旧居、江孜宗山抗英遗址、黄花岗七十二烈士墓、武昌起义军政府旧址、北京大学红楼、上海孙中山故居、中国社会主义青年团中央机关旧址、中国共产党第一次全国代表大会会址、广州农民运动讲习所旧址、"八一"起义指挥部旧址、秋收起义文家市会师旧址、海丰红宫及红场旧址、广州公社旧址、井冈山革命遗址、古田会议会址、中山陵、瑞金革命遗址、遵义会议会址、泸定桥、延安革命遗址、卢沟桥、平型关战役遗址、八路军总司令部旧址、新四军军部旧址、八路军重庆办事处旧址、冉庄地道战遗址、天安门、鲁迅墓、中苏友谊纪念塔、人民英雄纪念碑等33处。

石窟寺包括云冈石窟、莫高窟、榆林窟、龙门石窟、麦积山石窟、炳灵寺石窟、响堂山石窟、克孜尔千佛洞、库木吐喇千佛洞、皇泽寺摩崖造像、广元千佛崖摩崖造像、北山摩崖造像、宝顶山摩崖造像、石钟山石窟共14处。

韶山冲毛主席旧居

江孜宗山抗英遗址

古建筑及历史纪念建筑物包括太室阙、少室阙、启母阙、冯焕阙、平阳府君阙、沈府君阙、孝堂山郭氏墓石祠、嘉祥武氏墓群石刻、高颐墓阙及石刻、褒斜道石门及其摩崖石刻；古建筑包括安济桥（大石桥）、安平桥（五里桥）、永通桥（小石桥）、嵩岳寺塔、四门塔、大雁塔、小雁塔、崇圣寺三塔、房山云居寺塔及石经、兴教寺塔、苏州云岩寺塔、祐国寺塔（铁塔）、定县开元寺塔（料敌塔）、佛宫寺释迦塔（应县木塔）、六和塔、广惠寺华塔、妙应寺白塔、真觉寺金刚宝座（五塔寺塔）、海宝塔、义慈惠石柱、赵州陀罗尼经幢、南禅寺大殿、佛光寺、大昭寺、昌珠寺、光孝寺、独乐寺、晋祠、奉国寺、清净寺、善化寺、隆兴寺、保国寺、华严寺、白马寺、永乐宫、武当山金殿、萨迦寺、广胜寺、观星台、居庸关云台、曲阜孔庙及孔府、故宫、万里长城——八达岭、万

井冈山革命旧址红四军黄洋界哨口

延安革命遗址杨家岭旧址

龙门石窟

莫高窟

里长城——山海关、万里长城——嘉峪关、西安城墙、天坛、北海及团城、布达拉宫、噶丹寺、扎什伦布寺、智化寺、塔尔寺、沈阳故宫、国子监、雍和宫、普宁寺、普乐寺、普陀宗乘之庙、须弥福寿之庙、武侯祠、杜甫草堂、拙政园、颐和园、避暑山庄、留园共77处。

石刻及其他包括西安碑林、爨宝子碑、爨龙颜碑、药王山石刻、段氏与三十七部会盟碑、重修护国寺感应塔碑（西夏碑）、苏州文庙内宋代石刻、溪州铜柱、峨眉山圣寿万年寺铜铁佛像、沧州铁狮子、保圣寺罗汉塑像共11处。

古遗址包括周口店遗址、丁村遗址、仰韶村遗址、半坡遗址、城子崖遗址、郑州商代遗址、殷墟、丰镐遗址、临淄齐国故城、曲阜鲁国故城、侯马晋国遗址、楚纪南城、郑韩故城、赵邯郸故城、燕下都遗址、阿房宫遗址、汉长安城遗址、汉魏洛阳故城、高昌故城、雅尔湖故城、大明宫遗址、太和城遗址、渤海国上京龙泉府遗址、辽上

榆林窟

云冈石窟

京遗址、辽中京遗址、古格王国遗址共26处。

古墓葬包括黄帝陵、孔林、秦始皇陵、茂陵、霍去病墓、辽阳壁画墓群、洞沟古墓群、封氏墓群、昭陵、乾陵、顺陵、六顶山古墓群、藏王墓、王建墓、岳飞墓、明孝陵、十三陵、清东陵、清西陵共19处。

孝堂山郭氏墓石祠

从这180处"国保"的名单上看，应该说它们比较符合当时的文物保护形势，在全国各省级行政区都有分布[1]，其中以河北省最多，有21处，接下来是陕西20处，北京18处。拥有超过10处"国保"的还有山西（13处）、河南（13处）和四川（11处）。

嘉祥武氏墓群石刻

从名单上我们也能看出当时认定工作的一些特点：

一是众所周知的名胜古迹尽可能地纳入其中，如故宫、八达岭长城、山海关、嘉峪关、十三陵、颐和园、清东陵、清西陵、

崇圣寺三塔

曲阜孔庙、孔府、孔林、殷墟、秦始皇陵、云冈石窟、龙门石窟、莫高窟、布达拉宫，等等。

二是代表近现代中国人民反帝反封建的革命文物受到了充分重视，如三元里平英团遗址、江孜宗山抗英遗址、武昌起义军政府旧址、井冈山革命遗址、延安革命遗址等，这类文物在首批"国保"中占到近20%，共计33处。

西安城墙安定门

布达拉宫

普陀宗乘之庙

三是对于文物的认定并不考虑是否处于原址，而是更注重价值和内涵，如1959年国家兴建三门峡水库，山西芮城永乐宫处于淹没区，为了保护这一处元代瑰宝，文物部门对永乐宫进行了空前的整体搬迁，价值和内涵都得到了很好的保护。永乐宫也被公布为第一批"国保"。

四是对于文物的认定并没有受到年代的限制，如距1961年最远的周口店遗址约有60～70万年的历史，而最近的人民英雄纪念碑是1958年建成的，相隔仅3年而已。

五是对于文物概念的把握，尤其是关于可移动文物和不可移动文物的标准把握并不十分准确，因此在"国保"的命名、分类上并不规范，出现了诸如塑像、狮子、造像等与寺院、石窟、古遗址、墓葬等并不对等的命名方式和一些错误的归类。

这180处"国保"如何排序呢？如果按照年代早晚排序的话，周口店遗址无疑将是排名第一号的"国保"，那是早期人类的发祥地之一；如果按照建筑规模排序的话，也许是长城，那是宇航员在外太空都能看得见的举世工程；如果按照其他的标准，也许是大运河，那是曾经维系中国南北的经济命脉；也许是故宫，那是元明清三朝的皇家宫殿；也许是韶山毛主席故居，那是我们伟大祖国的缔造者的诞生之地……但是由于新中国成立初期的国内外革命形势，"革命遗址及革命纪念建筑物"类的国保无疑要

周口店遗址猿人洞

古格王国遗址

王建墓

清西陵雍正泰陵

排在其他类"国保"之前，然后在这一大类里再按照年代排序，广州"三元里平英团遗址"便顺其自然地成为我国排名第一号的"国保"[2]。

尽管具有时代的局限性，首批"国保"的认定工作应该说获得了巨大的成功。1961年，新中国百废待兴，又经历了"反右"、"大跃进"的冲击，正是困难重重之时，国务院能坚持"重点保护，重点发掘，既对基本建设有利，又对文物保护有利"的"两重两利"工作方针，认定并保护了一批文物单位，着实难能可贵。这一时期的文物工作方针和"国保"的认定方法一直得以沿用。

国务院在公布第一批"国保"的《通知》中要求文化部协同有关地方和部门加强保护管理工作。"各省、自治区、直辖市人民委员会应当根据《文物保护管理暂行条例》的规定，在短期内组织有关部门对本地区内的全国重点文物保护单位划出保护范围，作出标志说明，并逐步建立科学纪录档案，同时还应当督促有关的县、市人民委员会做好所辖境内全国重点文物保护单位的保护管理工作"。

在国家的重视下，首批"国保"得到了及时必要的保护。十三陵、辽中京遗址、吉林六顶山墓群、楚纪南城址、大明宫遗址、永乐宫等先后获

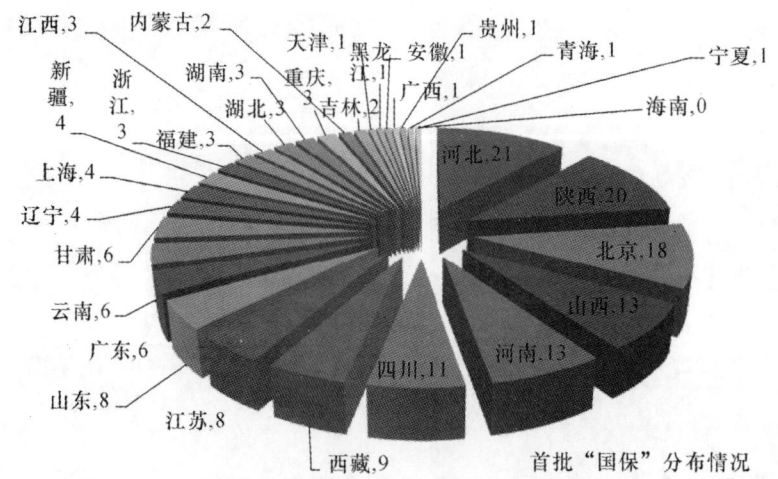

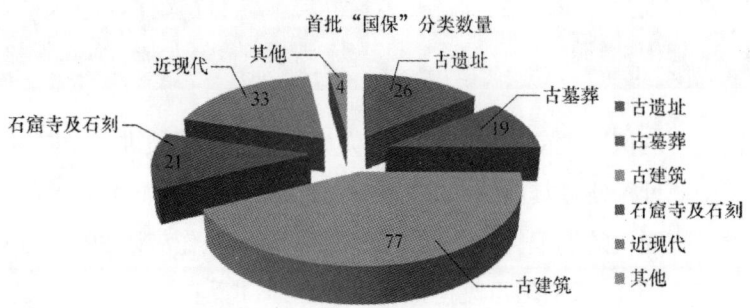

得了国家专项保护经费的支持。

  1966年开始的"文化大革命"破坏了这一刚刚形成的良性的文物保护局面。各地破坏文物的情况无法阻止，很多人担心这些"国保"的命运？它们的国家头衔能成为阻止破坏的挡箭牌吗？当时没有人能回答这个问题。1973年2月，国务院决定成立国家文物事业管理局（简称"国家文物局"），逐步恢复了各地的文物保护工作。国家文物局在评估文物的损失时发现，尽管"文革"期间孔府孔庙、十三陵等"国保"也受到了冲击，太平天国忠王府一度还因为李秀成的"叛徒"身份被取缔了"国保"身份，但是相比其他文物，"国保"所遭受的破坏确实要小得多。这也为国务院继续公布"国保"平添了信心和决心。

注　释

[1] 1982以后，全国人大对《中华人民共和国文物保护法》进行过几次修订，这段引文摘自2002年修订版的《文物保护法》。

[2] 截至2011年，中国的世界遗产共41项，位列世界第三。其中文化遗产（26项）：长城，明清皇宫（北京故宫、沈阳故宫），陕西秦始皇陵及兵马俑，甘肃敦煌莫高窟，北京周口店北京猿人遗址，西藏布达拉宫（大昭寺、罗布林卡），河北承德避暑山庄及周围寺庙，山东曲阜孔庙、孔府及孔林，湖北武当山古建筑群，云南丽江古城，山西平遥古城，江苏苏州古典园林，北京颐和园，北京天坛，重庆大足石刻，四川青城山和都江堰，河南洛阳龙门石窟，明清皇家陵寝：明显陵（湖北钟祥市）、清东陵（河北遵化市）、清西陵（河北易县）、明孝陵（江苏南京市）、十三陵（北京）、盛京三陵（辽宁沈阳市），安徽皖南古村落：西递、宏村，山西大同云冈石窟，吉林高句丽王城、王陵及贵族墓葬，澳门历史城区，河南安阳殷墟，广东开平碉楼与村落，福建土楼，登封"天地之中"历史建筑群；自然遗产（7项）：湖南武陵源国家级名胜区，四川九寨沟国家级名胜区，四川黄龙国家级名胜区，云南三江并流，四川大熊猫栖息地，中国南方喀斯特，江西三清山；文化与自然双重遗产（4项）：山东泰山，安徽黄山，四川峨眉山—乐山风景名胜区，福建武夷山；文化景观（3项）：江西庐山风景名胜区，山西五台山，杭州西湖文化景观。

2348还是2352

我国现有的"国保"总数是多少?可能大多数的读者朋友并不清楚,这倒是可以理解,不过对于从事文物工作的专业人员来说,如果一问三不知就大不应该了。我们不妨一起把国务院历次公布的"国保"数量统计一番:

1961年3月4日,第一批"国保"180处;

1982年2月24日,第二批"国保"62处;

1988年1月13日,第三批"国保"258处;

1996年11月20日,第四批"国保"250处;

2001年6月25日,第五批"国保"518处;

2006年5月25日,第六批"国保"1080处。

如果将这六批"国保"的数字加在一起,总数是2348处,这与我们现有2352处"国保"的总数竟然不一致,这是怎么回事?原来,在第五批"国保"公布以后,2002年国务院特批"湖南龙山里耶古城遗址"(后文有专篇介绍)增补进第五批"国保"名录,2003年国务院又特批"内蒙古阿尔寨石窟"[1]和"河南焦裕禄烈士墓"为第五批"国保"。这样到2006年公布第六批"国保"以后,我国的"国保"总数已经变成了2351处。2009年,国务院再次特批"湖南安江农校纪念园"[2]增补为第六批"国保",至此我国的"国保"总数变更为2352处。

从历次"国保"公布的数量和情况,我们也能看出一些有趣的现象。

除了第二批"国保"公布数量明显减少,三、四、五、六批"国保"的公布数量都比前一次公布数量明显增加或持平。为什么第二批"国保"才公布了区区62处?前文我们曾讲过,陈毅同志在主持第一次"国保"公布会议时还嫌180处"国保"太少,文化部的同志解释说,将来还要继

内蒙古阿尔寨石窟

续公布。他们也确实着手准备第二批"国保"的名单和公布事宜，在筹备过程当中"文化大革命"的浪潮席卷而来，这项工作也就仓促停止。十一届三中全会以后，虽然各项工作逐渐恢复正常，但是1982年公布的"国保"数字依然可以反映出"文化大革命"的十年浩劫对文物工作的重大影响。

第三批"国保"为什么是258处？如果加上前两批的242处，刚好凑成了500处，我想这不应该是个巧合吧。巧合的数字还有第五批公布的518处"国保"，这与每年5月18日的世界博物馆日又不谋而合。

前三批"国保"名单的分类标准与后三批的分类标准为什么不一样？前文我们提到首批"国保"被分为"革命遗址及革命纪念建筑物"、"石窟寺"、"古建筑及历史纪念建筑物"、"石刻及其他"、"古遗址"、"古墓葬"等六大类，而第二、三批"国保"也同样如此分类。依据1960年11月17日国务院通过的《文物保护管理暂行条例》，其中第四条提到"革命遗址、纪念建筑物、石窟寺、古建筑、石刻、古文化遗址、古墓葬"等分类标准。这个条例也成为指导我国改革开放前文物工作的法规性文件。1982年11月19日，全国人大正式通过了有史以来第一部《文物保护法》，其中第七条将《文物保护管理暂行条例》的分类标准进行了调整："革命遗址、纪念建筑物、古文化遗址、古墓葬、古建筑、石窟寺、石刻等。"我们可以注意到虽然这一分类标准有所变化，但不在内容上，而是在顺序上，其中"革命遗址和纪念建筑物"依然处于首要位置。这也是第三批"国保"公布时虽然已经依据《中华人民共和国文物保护法》（1982年版），但是分类标准依然延续前两批的重要原因。

20世纪90年代，国际国内形势发生了重大变化，过分强调"革命遗址及纪念建筑物"显得脱离时代了，因此在第四批"国保"公布时将"国保"的分类标准调整为"古遗址"、"古墓葬"、"古建筑"、"石窟寺及石刻"、"近现代史迹及代表性建筑"和"其他"六大类。这一文物分类标准也在2002年10月28日全国人大对《中华人民共和国文物保护法》进行修订时确定下来，一直沿用至今。

同样是在1996年的第四批"国保"名单中，我们也注意到这样一个现象，有12处文物点被并入到以前公布的"国保"名单中。而第五批"国保"公布时又有23处合并项目，到了第六批则是达到了105处。这反映出自20世纪90年代以来，随着改革开放的不断深入，我国的文物保护事业得到迅速发展，研究和保护工作广泛开展，许多文物和"国保"都增添了新的发现，内涵有了新的认识。因此及时将新的考古发现、新的研究成果合并进来，对于"国保"的整体研究和保护都是非常必要的。

2010年，国家文物局已经启动了第七批"国保"的申报工作，辞兔迎龙，目前的评定和国务院的核定已经接近尾声，估计年内将会公布。届时，我国的"国保"数量又将大幅度增加。

注　释

[1] 阿尔寨石窟位于鄂尔多斯市鄂托克旗公其日嘎苏木西南30千米处，在险峻的峭壁上分布着大大小小的石窟，尚存49座。据初步研究，该石窟开凿于西夏时期，盛于元朝，至明代还在延续使用。窟内现存近千平方米的彩绘壁画，

大部分壁画属藏传佛教系统,文物价值极高。窟内现存的藏文、回鹘文、蒙古文和梵文榜题,反映了古代多民族文化交流状况,特别是早期回鹘蒙古文榜题,是目前世界上发现回鹘蒙古文榜题最多的遗存。另外,窟内还有许多反映社会生活场景的世俗壁画,以《成吉思汗家族崇拜图》、《蒙古帝王葬丧图》最为珍贵。

[2] 安江农校纪念园,即原安江农校旧址,是我国"杂交水稻之父"袁隆平院士工作了37年的地方。纪念园占地310亩,完整地保存了具有一定规模的自20世纪40年代至80年代所修建的校园建筑及杂交水稻科研设施,如:办公楼、师生宿舍、袁隆平旧居、杂交水稻实验温室、图书馆、鱼塘、试验田、捞禾深井、玻璃温室、游泳池等。

"国保"风雨五十年

"国保"是国家级的不可移动文物,其中很多都是世界文化遗产,价值不言而喻。为了保护好这些珍贵的文化遗产,国家每年都会安排专项经费,从日常保护、管理、必要的维修、加固,到长期规划、合理利用等方方面面给予支持。2011年3月4日,距首批"国保"公布已有50个年头,这五十年来,它们历经风雨,整体保护状况如何?资料相当零散,线索也很庞杂。我们可以通过以下的一些数字来看看第一批"国保"50年来的保护情况。

(1)"四有"工作基本完成。从20世纪50年代开始,国务院就要求文物保护单位要逐步完善保护管理机构,划定保护范围,作出标志说明,建立科学的记录档案等"四有"工作。这是文物保护的基础性工作,据近年的统计,首批"国保"已基本完成此项工作。

(2)33处"国保"被列入《世界遗产名录》。1985年11月,全国人大常委会正式批准中国参加《保护世界文化和自然遗产公约》。两年后,"故宫"、"长城"、"秦始皇陵"、"敦煌莫高窟"、"北京周口店猿人遗址"等首批"国保"成为第一批入选世界文化遗产名录的文物。截至目前,首批"国保"中累计有33处被列入其中,它们作为全人类的共同遗产,受到了来自全世界的关注和保护。

(3)167处"国保"先后得到了国家的专项经费支持,累计投入超过9亿元。据国家文物局的调研资料显示,即使在"文革"的"五五"期间,国家对于"国保"的经费投入也超过了2000万元[1]。

(4)50%的"国保"编制了保护规划。参考中国文物信息咨询中心历年的《文物保护项目年度评估报告》和《文物保护规划编制状况评估报告》,截至目前,首批"国保"超过50%已经公布了保护规划。

通过以上的数字不难看出，50年来"国保"们受到的照顾是实实在在的，保护效果也是显著的。

拿西藏自治区来说，国务院在1961年将布达拉宫、大昭寺、昌珠寺、萨迦寺、甘丹寺、扎什伦布寺、江孜宗山抗英遗址、古格王国遗址和藏王墓等9处不可移动文物公布为第一批"国保"。此后的数十年里，又先后公布了罗布林卡等27处"国保"级文物。为了保护这些珍贵的雪域瑰宝，国家累计投资上亿元对它们进行了及时妥善的维修。

进入21世纪以来，西藏，乃至中国文物保护史上投资最多、规模最大、科技含量最高、技术要求最严的国家重点文物保护项目——布达拉宫、罗布林卡、萨迦寺文物保护工程上马。布达拉宫一直是历代达赖喇嘛生活起居和从事政教活动的重要场所，是

布达拉宫雪城正门

罗布林卡美丽的园景

萨迦寺远景

西藏地方政教合一的统治中心。它的宫殿布局、土木工程、金属冶炼、绘画、雕刻等方面均闻名于世，体现了以藏族为主，汉、蒙古、满各族能工巧匠高超技艺和藏族建筑艺术的伟大成就。罗布林卡是历世达赖喇嘛处理政务和进行宗教活动的夏宫，也是全世界海拔最高、规模最大、保存最完整、融合了藏汉以及其他民族特色的园林建筑艺术的杰作。而萨迦寺则是藏传佛教萨迦派的主寺，是13~14世纪西藏地方政权的所在地。

2001年6月25～27日，时任国家主席的江泽民同志在北京召开了第四次西藏工作座谈会。此次座谈会上将"三大工程"列为西藏"十五"期间重点项目之一。大批文物保护专家、学者和宗教界人士经过细致调查，全面评估，提出了可行的保护方案。转年，朱镕基总理主持召开的国务院第131次总理办公会议，正式批准方案实施。工程随即开工，到2010年8月份胜利竣工。这个前后延续八年，国家投资近4亿的保护项目倾注了无数人的心血。领导层面的重视史无前例。国家成立由发改委、财政部、文化部、国家民委、国家文物局、国家宗教局和西藏自治区人民政府组成的"省（部）级领导联席会"，负责处理三大工程重大事项。技术层面上，中国文化遗产研究院等一批专业单位参与工程设计、科研、施工和监理，他们邀请自治区的老艺人、老工匠现场指导，随时解决施工中出现的各种技术问题。工程还照顾到旅游观光的需要，一边维修，一边参观。广大僧众也热心参与，据统计，布达拉宫维修高峰时期每天上工地的农牧民民工就多达3000人、罗布林卡多达1000余人，更是有近5万余人次参与到萨迦寺的维修当中。

布达拉宫西印经院打阿嘎土的场景

以"三大工程"为代表的文物保护工程使众多的"国保"得到了悉心呵护,令它们延年益寿,供我们的子孙永葆用,这不正是全体国人的心声吗?

除了实施必要的文物保护工程外,编制中长期规划,有计划的保护正在逐步开展。由于历史的原因,过去我们对于"国保"的保护多限于被动的抢救性维修和加固工程,主动的、尤其是有计划的保护起步较晚。20世纪80~90年代,随着我国国力的不断增强,一方面国家和地方对文化遗产保护工作的重

搭建施工脚手架

视程度日益增长,经费投入的支持力度也逐年增加;另一方面我国与国际日益接轨,文化遗产保护理念走上国际的舞台,先进的保护理念要求逐步更新旧有的观念。在这样的背景下,如何使"国保"单位的保护工作更具有计划性便提上了我国的文化遗产保护工作日程。

1988年,世界遗产委员会专家对我国第一批世界遗产考察后,在报告中对当时我国文化遗产的保护状况做了整体分析。他们指出由于中国在当时更多地把文化遗产理解为文物,在保护方式上更接近博物馆的藏品,而不是文化传统的延续,局部的重建时有发生。尽管作为第一次全面接触中国的文物保护和世界遗产保护,不可避免地存在着理解和认识上的偏差,但他们的报告还是十分客观地反映出了我国文物保护,特别是世界遗产保护存在的问题。在他们的报告中涉及的突出问题是档案资料和保护规划。在谈到关于秦始皇陵的保护时,他们认为,保护规划是最为重要的工作,无论是明确的保护范围的划定,还是环境的控制都需要通过保护规划从不同的管理层面加以确定和控制。在关于北京故宫和敦煌的内容中,他们也都提出了管理规划、游客控制等规划问题。

在这样的背景下，作为一项新的保护手段，我国的"全国重点文物保护单位保护规划"自20世纪90年代初开始起步。第一个真正意义上的文物保护单位保护规划，是1991年的《牡丹江市文物保护单位保护区规划》。国家文物局批准的第一个保护规划是《清东陵保护规划》，第一个大型的跨区域的保护规划则是《长江三峡工程的文物保护规划》。早期的规划虽然数量少，内容比较单一，但为以后科学、规范的规划编制打下了一定的基础。2000年，《中国文物古迹保护准则》中明确提出了保护规划的要求："凡是具有环境要素的和群体规模的保护单位都应当编制保护总体规划。"2003年文化部颁布的《文物保护工程管理办法》中规定："文物保护单位应当制定专项的总体保护规划，文物保护工程应当依据批准的规划进行"，文物保护规划成为文物保护工程审批的重要依据之一。2004年，国家文物局公布了《全国重点文物保护单位保护规划编制审批办法》和《全国重点文物保护单位保护规划编制要求》，对文物保护规划的编制和审批提出了明确要求，并确立了规划的法律地位。2005年12月，国务院印发的《关于加强文化遗产保护的通知》中明确提出"国务院文物行政部门要统筹安排世界文化遗产、全国重点文物保护单位保护规划的编制工作"，文物保护规划成为"国保"单位文物保护工作走上科学化、法制化轨道的重要措施。据中国文物信息咨询中心的资料显示，自2004~2011年，全国重点文物保护单位已经编制完成并上报国家文物局审批的规划约有550个，加上部分较早编制的文物保护规划及世界遗产地保护规划，迄今为止，我国文化遗产地已经编制完成规划的有600个左右。但是这与全国现有2352处"国保"的总数相比，还不足1/4，显示出"国保"的规划编制工作仍然严重滞后，严重不适应保护工作的需要。此外《中国文物古迹保护准则》要求对保护规划实施"定期检查"，总结规划实施的效果和经验，如发现缺陷或新的情况，可对规划作适当调整。但目前，我国对保护规划的实施监测缺乏，已经颁布实施的保护规划前景令人担忧。"重编制，轻落实"，"规划规划，纸上画画，墙上挂挂"，规划编制后，谁来督促落实规划的落实？如何保障规划实施的力度？这同样是一个非常值得注意的问题。

百年来中国积贫积弱，长期以来保护文物的经费极其短缺。改革开放以来，尤其是近二十年来，国家经济迅猛发展，文物事业经费也有了快速的增长。但是与众多需要保护的文物相比依然杯水车薪，保护的资金缺口仍然很大，投入也很不均衡；另外，随着经济的增长，我国文物保护的局面非但没有缓解，反而更加严峻。各地经济建设、城乡改造如火如荼，许多历史街区、老建筑、文化遗址不断遭到侵蚀，正面临彻底毁坏的危险。有的地方更是不惜违法破坏文物，时常造成不可挽回的后果。再加上工农业生产、人口的增加带来的环境污染，旅游带来的压力，等等；而一些"国保"单位体制不顺，文物部门没有独立的文物保护和管理权利，这样的多头管理导致责、权不明晰，从而增加了保护管理工作的难度；还有许多"国保"单位专业人员缺乏，也同样制约了保护工作的开展。

注 释

[1] 以上资料参考国家文物局《第一至五批全国重点文物保护单位维修管理调研资料手册》（内部资料），2005年12月，以及1271网：www.1271.com.cn。

专题篇

梁思成与中国早期木构建筑

2011年恰逢梁思成先生100周年诞辰，而2012年1月9日，先生逝世已历四十周年。作为中国国徽、人民英雄纪念碑的设计者之一，中国建筑史学的开创者，他在探寻中国早期木构建筑的过程中，曾付出过怎样的艰辛，又收获了怎样的喜悦？今天我们愿与朋友们一起踏上他昔日走过的一些"国保"，一同去感受中国古建筑的魅力……

1901年的日本东京，梁思成呱呱坠地，当时他的父亲——清末维新运动的领导人、学者梁启超正受通缉流亡日本。辛亥革命后，他随同父亲返回国内，先在天津继而到北京生活。幼年的梁思成很调皮，甚至因为骑摩托车摔断了腿，但是这个小挫折并没有影响到他的成长。1915年，梁思成进入清华学校读书，加入清华艺术俱乐部并成为《清华校刊》的艺术编辑。23岁时，他留学到美国宾夕法尼亚大学学习建筑。其间，他的父亲寄给他一本新近发现的重印本书籍——《营造法式》。书的作者李诫是宋徽宗的朝廷命官，负责监管皇家建筑的建造和修复。梁启超在把他寄给儿子之前，曾仔细地阅读了这本书，他在所附的信中评论到："一千年前有此杰作，可为吾族文化之光宠也已。"父亲的引导，专业的学习，也许还有儿时的梦想，不管怎样，探索中国古代建筑艺术的大门已经逐渐向他敞开了……回国后，梁思成先到沈阳的东北大学创办建筑系。1931年4月，他回北京应聘到朱启钤创办的"中国营造学社"。其后的数年里，作为研究部主任，他开始到各地考察、寻找和研究中国早期建筑。

考察辽代建筑——蓟县独乐寺

1931年的一天，有一位朋友从鼓楼回来告诉他，那里挂着一张古老

蓟县独乐寺观音阁

寺庙的照片，上面写着"蓟县独乐寺"。梁思成曾在哈佛研究过日本人关于山西大同辽代寺庙的记述，也看过法国汉学家伯希和在敦煌拍摄壁画的照片集，但是自己还没有到乡村考察建筑的经验，他异常兴奋。经过准备，1932年4月，他出发了。"这是一次难忘的旅行，是我第一次离开交通干线的经历……我们出了北京的东门几英里，就到了箭杆河。在这枯水季节，河流只剩下不到30英尺宽。但是两岸之间的沙河床却足有一英里半宽。用渡船过河以后，汽车在软地上一步也不能动弹。于是我们不得不爬上爬下汽车好几次。50英里的行程我们用了三个多小时。但我们感到非常兴奋和有趣。那时我还不知道。在此后的几年中，我将会习惯于这种旅行而毫不以为怪……"梁思成后来回忆道。

独乐寺位于今天津市蓟县县城西门内。因寺西北有独乐水而得名；又因寺内塑大佛，别称大佛寺；另说安禄山在此起兵叛唐，思独乐而不与民同乐，故称独乐寺。独乐寺始建于唐代，主体建筑山门和观音阁为辽代重建。山门是我国现存最早的庑殿顶山门，而主体建筑观音阁是一座三层木结构的楼阁，通高23米，比蓟县城墙还要高大，因此老远就能望见。梁思成激动地说："这是中国建筑史上一座重要而如此古老的建筑，第一次打开了我的眼界。"楼阁面阔五间，进深四间，设计别具匠心。二十八根立柱,做里外两圈升起,用梁桁斗拱联结成一个整体,斗拱繁简各异,共计24种152朵,烘托出挺拔轩昂的艺术气质。因为第二层是暗层,所以从外观看像是两层建筑,中间暗层省去一层瓦檐,避免了拥簇之感,暗层处里外修回转平台,供礼佛和凭栏远眺,既实用又美观。

对梁思成而言,观音阁的重要性无疑是研究古代建筑技术的最好资料。这座建筑的尺寸、规格完全符合力学原理。千余年来,独乐寺曾经历28次地震。其中清康熙十八年(1679年)三河、平谷发生8级以上强震,蓟县官邸民舍无一幸存,唯观音阁安然无恙。即使是在1976年,梁思成访问44年后发生的唐山大地震,观音阁也只受到很小的损害,足以说明它的设计结构具有良好的柔韧性。1961年,独乐寺被公布为第一批"国保"。

考察宋代建筑——正定隆兴寺

1933年,梁思成被吸引到河北正定,那里有一尊著名的"正定菩萨"。人称千手千眼观音,宋代敕建,通高22米,是中国现存铜像中最高

正定隆兴寺摩尼殿

的一座。

然而观音大佛并不是吸引梁思成到正定的主要原因。观音伫立的寺院是正定县城内最宏伟的一处建筑群，创建于隋初，原名龙藏寺，宋代更名为龙兴寺，清康熙年间定名隆兴寺。因寺以铜铸大佛著称，又称大佛寺。全寺占地约5万平方米，沿中轴线依次分布着天王殿、大觉六师殿（遗址）、摩尼殿、戒坛、慈氏阁、转轮藏阁、康熙御碑亭、乾隆御碑亭、御书楼（遗址）、大悲阁、集庆阁（遗址）和弥陀殿等建筑，其中摩尼殿、转轮藏阁、慈氏阁、天王殿等都保存着宋代建筑的风格和特点。摩尼殿始建于宋仁宗皇祐四年（1052年），平面呈"十"字形，正中殿身五间，进深五间。殿中央部分为重檐歇山顶，四面正中各出山花向前抱厦。殿顶为绿琉璃瓦剪边，檐下饰雄大的绿色斗拱，翼角弧度圆润而微微向上翘起。转轮藏阁坐西朝东，面阔三间，进深四间，重檐歇山顶，平面近方形。阁内正中安置木制的直径七米、八角形的"转轮藏"。慈氏阁与转轮藏阁结构大体相似，阁内采用永定柱造和减柱造的做法，是其建筑结构上的特点。特别是檐墙一周的柱子均采用永定柱造的做法，是国内保存宋代建筑中的孤例。这几座宋代建筑造型精巧，形制独特，梁架结构均与宋《营造法式》相符，这在中国早期木构建筑中是极其罕见的。1961年，正定隆兴寺被国务院公布为第一批"国保"。

考察应县木塔几乎丧命

梁思成戏言自己的工作如同"盲人骑瞎马"，因为这是一项开创性的工作。20世纪30年代时局的动荡使他的野外工作平添了各种各样的危险，而攀爬高大、脆弱的建筑进行测绘、照相，也随时会遭遇意外。

1933年夏天，梁思成和同事刘敦桢、莫宗江赶往山西应县。在离城还有好几里地时，梁思成突然发现，在夕阳的映衬下，一座美轮美奂、无与伦比的古塔伫立于群山之中，他惊叹道，"好到令人叫绝，半天喘不出一口气来"。"在暗紫色的背景上有一颗闪光的宝石，那是在附近的群山环抱中一座红白相间的宝塔映照着金色的落日。……就像一个黑色的巨人，俯视着城市。但在它的最上一层的南面可以看见一盏灯，在周遭的黑暗中一个亮点。后来我弄清了，这就是那900年来日日夜夜点燃的'万年灯'"。

那是一座建于辽代（1056年）的木塔，平面呈八角形，高达67.13米，底层直径30米，外表看是五层六檐，但每层都设有一暗层，明五暗四，因此实际是九层。除了石头基础外，塔身全部用木头建造，各层用内外两圈木柱支撑梁架，而木柱之间，使用了60多种斜撑梁、木枋和短柱，规格和手法变化多样，

应县木塔

组成不同方向的复梁式木架，使整个塔的构架联结成一个整体，既坚固又美观。据说，当时辽代统治者为了建造这座塔和佛宫寺，在河北、山西一带动用数万民工参加劳役，共用去了大约3500立方米的松木和榆木，松木不易变形，榆木坚硬，两种木头的结合，使得这座塔900多年来，经受风雨侵蚀以及多次地震、战争的破坏，依然巍然耸立。应县木塔建成200多年至元顺帝时，曾经历7天大地震而安然无恙。1926年阎奉战争中，塔身还曾遭受200多发炮弹，除被打断两根柱子外，也并无大碍。面对这样一座精美的古塔，梁思成早已按捺不住内心的惊喜，随即开始紧张的测绘工作。一个阳光明媚的下午，当他正在塔尖上聚精会神地丈量和照相时，没有注意到黑云已经悄悄压了上来。忽然间一个惊雷在近处打响，梁思成猝不及防，差一点儿就从近70米的高空摔下！

1961年，应县木塔被公布为第一批"国保"。

考察元代建筑——洪洞广胜寺

梁思成的探索活动因为有了妻子——林徽因的加入而变得不同，不仅

广胜寺上寺

增加了他的信心,也使研究工作变得更加精彩。他们有很多的朋友,包括徐志摩、金岳霖、沈从文、泰戈尔、费正清夫妇,等等。

  1934年,梁思成、林徽因与费正清夫妇一起到山西洪洞县考察广胜寺。广胜寺创建于东汉建和元年(147年),初名俱卢舍寺,唐代改称今名。元大德七年(1303年)遭受地震毁坏后重建。明清两代又予以补葺,始成现状。广胜寺由上寺、下寺、水神庙三组古建筑组成。上寺包括山门、飞虹塔、弥陀殿、大雄宝殿、天中天殿(毗卢殿)、观音殿、地藏殿及厢房、廊庑等建筑;下寺包括山门、前殿、后殿、垛殿等建筑;水神庙包括山门(元代戏台)、仪门、明应王殿等建筑。全寺最为珍贵的是元代建筑,采用了斜梁、减柱、移柱、横额、腰檐等独特手法,堪称中国建筑史上的奇构,而属于同期的壁画足可与永乐宫元代壁画相媲美。不幸的是这些具有极高艺术价值的元代壁画在1929年被盗卖至美国,现藏于纳尔逊博物馆。

  寺内的明代建筑同样精彩。飞虹塔平面八角形,十三级,高47.31米。塔身青砖砌成,各层皆有出檐,全身用黄绿蓝三彩琉璃装饰,檐下有斗拱、倚柱、佛像、菩萨、金刚、花卉、盘龙、鸟兽等各种构件和图案，雕塑精巧，彩绘鲜丽，不仅是明代建筑的代表作，也是目前中国最大最完整的七彩琉璃塔，是我国琉璃塔的代表作。毗卢殿多层透雕门窗隔扇，精美绝伦，代表明代木雕工艺的最高水平。此外，寺内还曾藏有刻印于金代、总卷数达七千余卷的目前所存卷帙最多的汉文大藏经——"赵城金藏"。1961年，广胜寺被公布为第一批"国保"。

与妻子一同发现唐代建筑——佛光寺

也许是上天的安排，1934年，梁思成与林徽因一起到山西考察古代建筑，在五台县城东北32千米佛光山腰发现了一座古老的寺院。然而，当梁思成第一次站在这座建于公元857年的佛光寺面前时，他竟然没有意识到自己已经发现了中国最早、最大的木结构建筑。

梁思成这样写道："寺院是建在山边一处很高的台地上，面对着前面的天井，周围有三十棵很老的松树。它是一座很雄伟的建筑物。总共只有一层高，它有巨大、坚固和简洁的斗拱，超长的屋檐，一眼就能看出其年代之久远。但它能比我们前此所发现的最老的木建筑还要老吗？"

进入山门（即天王殿），前院左首是文殊殿，殿顶脊中琉璃宝刹形制秀丽，色泽浑厚。殿内佛坛上塑文殊菩萨及侍者塑像六躯，面相秀润、装饰富丽，是金代的雕塑遗物。殿内四周墙壁下部，绘有五百罗汉壁画。再往里走，伽蓝殿、万善堂、香风花雨楼及厢房、窑洞等建筑皆明、清重修。

真正的惊喜来自后院的东大殿。经过仔细勘测，东大殿面阔七间，进深八间，单檐庑殿顶。总宽度为34米，总深度为17.66米。由内外两圈柱子形成"回"字形的柱网平面，称为"金厢斗底槽"。整个构架由"回"字形的柱网、斗拱层和梁架三部分组成，这种水平结构层组合、叠加的做法正是唐代殿堂建筑的典型结构做法。殿顶全用板瓦仰俯铺盖，脊兽全为黄绿色琉璃艺术品，一对高大的琉璃鸱吻矗立在正脊两端，使殿宇更加壮丽劲健。殿内佛坛宽及五间，满布彩塑。各间皆有主像一躯，分别为释迦佛，弥勒佛，弥陀佛及普贤、文殊二菩萨。主像两侧及前面各有胁侍

佛光寺全景

佛光寺女施主宁公遇塑像

菩萨和供养菩萨，并有侍者牵引狮象。佛坛两角，有金刚侍立。坛上还有施主坐像。

林徽因的陪同让梁思成更加幸运，她在一根梁的下面注意到有中国墨书写的淡淡字迹"佛殿主女弟子宁公遇"。很快她又在大殿外的经幢上发现了同样的句子。更重要的是上面还刻有"唐大中十一年"（857年）。这是明确的唐代纪年！根据记载，佛光寺创建于北魏孝文帝时期（471～499年），隋唐兴盛，东大殿于唐大中十一年在弥勒大阁旧址上重建，至今仍保存重建时的原貌。1961年，佛光寺被国务院公布为第一批"国保"。

  我们的时光穿越暂告一段落，但是梁思成先生对中国古代建筑的研究探索工作并没有结束。他们"又像在山西那样，出发到天堂和地狱之间的地方去了……"

季羡林与"国保"二三事

2009年7月11日晨,季羡林先生平静地离开了这片深爱的挚土,魂归雁塔。走之前,先生曾昭告天下,要求将戴在自己头顶上的"国学大师"、"学界泰斗"和"国宝"桂冠摘下,他谦虚地说:三顶桂冠一摘,还了我一个自由自在身。身上的泡沫洗掉了,露出了真面目,皆大欢喜。

先生的真面目是什么?是几十年来孜孜不倦、勤奋钻研、笔耕不辍的学问;是那难能可贵的谦逊学风、高尚品德。这是每一位北大人,每一位接触过先生的人所共识的。我听过先生的讲座,也拜访过先生,点滴教诲,受益终身,借这篇整理先生与文物保护二三事的小文聊寄哀思。

先生早年开始书画收藏,不仅个人收藏颇丰,对文物保护也有很深的见解,付出过很多心血。

敦煌莫高窟是世界文化遗产和我国第一批"国保",然而国内关于敦煌的研究长期处于落后地位。为改变"敦煌在中国,敦煌学在国外"的被动局面,先生自1983年中国敦煌吐鲁番学会成立后终生担任学会会长,在促进我国敦煌学研究事业方面,发挥了巨大的作用。2000年,国家文物局与甘肃省政府授予先生"敦煌文物保护研究特殊贡献奖"。

先生是一介书生,不愿意求人办事,但为了保护家乡的文物,他曾破例向清华同窗胡乔木同志写过求助信。那是1991年秋,先生回故乡山东临清,家乡的一座古塔已经残破不堪,当地领导便向他提出了帮助维修的请求。考虑到心有余而力不足,先生只好破例求人。胡乔木同志看到信后,马上给国家文物局写了信,不久,国家文物局派专家到临清实地考察,并委托天津大学古建筑研究所进行勘察设计。5年后,整个维修工作完成,古塔恢复了健康,后被公布为山东省文物保护单位,今年很有可能申报第七批"国保"。

先生曾一再表示，他希望有更多的人关心祖国的文化遗产，使文物保护深入人心。2005年，面对北京皇史宬（第二批"国保"）、崇礼住宅（第三批"国保"）、大高玄殿（第四批"国保"）、孚王府（第五批"国保"）等七处文物保护单位长期被非文物保护机构占用的困境，先生和郑孝燮、侯仁之、徐苹芳等十位学者联名发出倡议书，呼吁占用部门尽快腾退，早日修缮，发挥其应有的价值。

北京大学未名湖燕园建筑是第

山东临清古塔

北京大学西门鸣鹤园

五批"国保"，先生住在未名湖北岸的朗润园，对于校园的文物保护和环境整治非常关注。2006年，先生撰文表示："要想恢复古园的风貌，非得有大动作不可。据我知道的，北大一直都在想办法筹款，并且请来了建筑和文物专家设计方案，希望彻底拆除园内的临时用房，修缮和修复古建筑，同时，更要疏通水道，把水重新引回园子里来，恢复她的灵气。我认为，这样的整治，将恢复燕园的历史文脉，实在是大大的好事。"

在保护我们的文化遗产上，先生和所有致力于此的人们一样，热爱、坚定而又竭尽所能。

"国保"文物看道教

鲁迅先生在1918年致许寿裳的一封信中说:"中国的根柢全在道教。"我想这个根柢体现了道教对中国传统文化的深刻影响,它也因此成为中国文化的重要组成部分。

道教文化遗产浩如烟海,其中很多都是重要的"国保",通过它们,我们可以一起领略道教文化的独有魅力。

太清宫遗址看老子

东汉时期,道教初步形成,尊奉老子为始祖,开始对他进行祭祀。据史志记载,东汉延熹八年(165年),桓帝派中常侍管霸到老子家乡河南鹿邑创建老子庙。唐武德三年(620年),高祖李渊认老子为祖宗,派人在东汉老子庙的基础上进行扩建,作为皇室家庙。唐乾封元年(666年),高宗李治追封老子为"太上玄元皇帝",并增建"紫极宫"、"太清楼",改庙名为"玄元庙"。到武则天光宅元年(684年),又册封老子母为"先天太后",在汉李母庙的基础上,扩建成洞霄宫。至玄宗李隆基时,太清宫又有增建,规模达到鼎盛,占地八顷七十二亩,周围四十里,宫内建筑恢弘,体现出皇家的气质。太清宫称前宫,洞霄宫称后宫。前宫祭祀老子,后宫祭祀李母。两宫中隔一河,河上有桥。河名"金水",桥称"会仙"。玄宗皇帝还亲朝太清宫,为老子上尊号"大圣祖高上金阙天皇大帝",改庙名为"太清宫"。唐末黄巢起义,太清宫毁于兵燹。宋真宗年间重建,规模比唐时有加。金元明又屡修屡废,至清代重修时,规模已无法与唐宋相比。近代以来,太清宫又多有破坏,多数建筑仅存遗址。尽管如此,作为历代皇家祭祀老子的地点,2001年,太清宫遗

大宋重修太清宫碑刻

址被公布为第五批"国保"。

1997年,河南省考古研究所对鹿邑太清宫遗址进行了发掘,清理出先秦时期的祭祀坑以及唐宋以来的大型建筑基址和碑刻等遗存,为研究和复原历朝历代皇家祭祀老子和道教活动提供了重要的依据。

老子道家思想的形成始于春秋时期学术思想的自由和他自身的勤奋好学。《史记》记载:"老子者,楚苦县厉乡曲仁里人也。姓李氏,名耳,字伯阳,谥曰聃。周守藏室之史也。"据说老子父亲老佐为宋国司马,携家眷攻打彭城时兵败,老子的母亲在逃亡途中经过苦县生下老子。老子自幼聪颖善思,无所不学,长大后到周国都守藏室为吏。周朝守藏室相当于今天的国家博物馆,集天下之文,收天下之书,汗牛充栋,无所不有。守藏室的官员要在朝廷殿堂的明柱底下进行记录,因此也被称为"柱下史"。后人在建老子庙时,往往在庙中立一铁柱,以示纪念。后来道教把老子尊为始祖,道士们为了表示对老子的崇敬和虔诚,便把铁柱缩小为发簪插在发髻间,这也成为道士装束的一个特征。

总之经过数年的苦学，老子名闻遐迩，声播海内，连孔子周游列国时都要向他问礼。老子晚年乘青牛西去，在函谷关写成了五千言的《道德经》，其中对于"道"的阐述成为道教的信仰基础。

全真派三大祖庭看道教宗派源流

熟悉金庸小说的读者都知道全真派是王重阳在宋金时期创建的道教门派之一，由于他的七个弟子，马钰、丘处机等的大力弘扬，全真派在元代达到鼎盛，一直延续至今。

相传王重阳于金正隆四年（1159年）在户县遇仙人吕洞宾化身，得其秘道真诀，遂通仙术，因此全真派将吕洞宾故乡——山西芮城供奉吕祖的永乐宫奉为祖庭。王重阳在陕西终南山的故居，今户县重阳宫同样被尊奉为全真派的祖庭。重阳宫在元代规模宏大，殿堂建筑共计约五千余间，有道士近万人。明清以后，屡遭破坏，宫院逐步缩小。现仅存碑石55通，绝大多数为元碑，由赵孟𫖯、王重阳、尹志平等书，记载了全真派的历史、教义和修炼要旨等。1962年，户县人民政府将这些碑石集中至玉皇

北京白云观"洞天胜境"牌楼

殿旧址,成为"祖庵碑林",2001年,这一珍贵的碑林成为"国保"。北京白云观始建于唐代,因元初丘处机谒见成吉思汗后居于此,后仙逝并葬于此而成为全真派三大祖庭之一。

除了全真派以外,历史上的道教还有许多宗派,如五斗米道、龙虎宗、天师道、正一派、帛家道、李家道、武当派、崂山派、真大道、太一道、净明道,等等。明清以来,基本形成了全真派和正一派两大道教宗派,其他多为其支派。

这些宗派信仰基本相同,只是对于达到"道"的修行方法和理解略有不同,因此形成了不同的修行方式和个性。比如全真教以《道德经》、《般若波罗蜜多心经》、《孝经》为主要经典,教人"孝谨纯一"和"正心诚意,少思寡欲"。认为清静无为乃修道之本,除情去欲,心地清静,才能返朴存真,识心见性。因此主张修道者必须出家,并忍耻含垢,苦己利人,戒杀戒色,节饮食,少睡眠。与之不同的是,正一派以《正一经》为共同奉持的主要经典,修行法术是画符念咒、祈禳斋醮,为人驱鬼降妖,祈福禳灾。正一派道士可以不住宫观,可以娶妻生子。

与全真派一样,正一派也有自己的修行道观,如"国保"中的苏州玄妙观、北京东岳庙都是正一派的道场。

五岳庙看道教的"洞天福地"

读者们如登过五岳或者其中一、二,想必也一定参观过五岳庙吧。

陕西华阴西岳庙

它们是山东泰安东岳岱庙、陕西华阴西岳庙、湖南衡山南岳庙、河北曲阳北岳庙和河南登封中岳庙,现都已公布为"国保"。这五座庙作为汉代以来帝王举行封禅大典和祭祀五岳山神的场所,与道教神祇们居住的仙境——五岳"洞天福地"密不可分。

"洞天福地"是道教神祇们居住、修炼的仙境。这种观念大约形成于东晋以前。从战国、秦、汉开始，西王母居住的昆仑山、东方海中仙境的"瀛洲"、"方丈"和"蓬莱"都是人们寻找不死之药，祈求升仙的宝地，连秦始皇、汉武帝这样的大帝都亲自去寻找这些仙山，以求长生不老。道教形成以后，逐渐形成了十大洞天、三十六小洞天、七十二福地的观念，成为道教宇宙观的重要内容。

五代道士杜光庭在其编录的《洞天福地岳渎名山记》自序中称，"太史公云：大荒之内，名山五千，其间五岳作镇，十山为佐。又《龟山玉经》云：十天之内，有洞天三十六，别有日月星辰灵仙宫阙，主御罪福，典录死生有高真所居，仙王所理。又有海外五岳，三岛十洲，三十六靖庐，七十二福地，二十四化，四镇诸山"。其中提到的天上、海中、洞中的种种洞天福地多有实指，比如以中岳嵩山为中心，四面环以东岳泰山、南岳衡山、西岳华山、北岳恒山的中国五岳就是道教的洞天福地。五岳各有神名、领仙官玉女，占地周回，形成"五朵莲花"簇拥昆仑大地的图景。此外，四川青城山、辽宁千山、江苏茅山、福建武夷山、江西龙虎山、山东崂山、广东罗浮山、陕西终南山、河南王屋山、湖北武当山等众多名山大川也都是道教的洞天福地。

道士历来都喜欢选择洞天福地来建设

湖南衡山南岳大帝雕像

宫观，修炼道行。这些地方保存下来众多的道教建筑，如武当山道教建筑群已成为世界文化遗产，王屋山阳台宫、奉仙观，终南山重阳宫祖庵碑林，芮城永乐宫等都是"国保"。

雕塑、壁画、石窟看道教众神

道教神灵众多，天神、地祇、人鬼，各行各业的祖师神、民间信奉的俗神、杂神，都是其崇奉对象。

据学者研究，道教神仙谱系主要有三个源头：第一，对中国古代"天神、地祇、人鬼"信仰的继承和改造。如天神有昊天上帝、日月星辰、风伯、雨师；地祇有社稷、五岳、山林川泽，四方百物；人鬼主要为祖先。第二，对神话传说人物的继承和改造。如民俗神中的黄帝、东王公、西王母、九天玄女等。第三，取材于战国秦汉间流传的神仙人物。如《庄子》所记的广成子、彭祖，《淮南子》所记的赤诵子，以及《史记》、《列仙传》、《神仙传》等所载的神仙和方士等。

到了两宋时期，道教神仙谱系最终编定。南宋金允中《上清灵宝大法》编制的黄箓大斋醮神名单所列三百六十位神仙，按其性质、品第，可分为十一个等次：①三清、四御；②南极长生大帝、东极救苦天尊、木公道君、金母元君及三十二天帝；③十太一、日月五星、北斗、二十八宿星君；④五帝、三官、四圣；⑤历代传经著名法师；⑥魔王、神王、仙官；⑦五岳及酆都地府诸神；⑧扶桑大帝及水府诸神；⑨天枢院、驱邪院雷府等部主宰及诸神；⑩各种功曹、使者、金童、玉女、香官、吏役等；⑪城隍、土地及所属神众。

三清（或称三尊）是道教最高神：第一神是玉清元始天尊；第二神上清灵宝天尊；第三神太清道德天尊，即太上老君。三清之下为"四御"，是辅助"三清"的四位天帝。他们的全称是：昊天金阙至尊玉皇大帝，中天紫微北极太皇大帝，勾陈上宫南极天皇大帝，承天效法后土皇地祇。他们都是道教最高的神祇，掌管天地众神，一般的道教宫观都有供奉。

另外还有真武大帝，辖天下武将，也多有供奉。在武当山、辽宁玄贞观、佛山祖庙等都以供奉真武大帝为主神。还有五岳大帝，执掌人间赏罚、贵贱、生死大权的东岳大帝；执掌五金、冶铸、羽禽飞鸟之事的

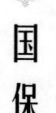

西岳大帝；执掌土地、山川、林木的中岳大帝；执掌江河、湖海、走兽的南岳大帝；以及执掌星辰分野的北岳大帝。上文提到的五岳庙就是专门供奉五岳的道教宫观，此外在各地或宫观中还多建有供奉东岳大帝的东岳庙、东岳殿，如北京东岳庙等。

除此之外，道教的众神在各地都多有供奉。其中，山西省因为优越的地理位置和独特的气候条件，保留下大量的道教文化遗产，尤其以早期木结构建筑最为珍贵，其中的雕塑、壁画、彩绘等，再加上石窟，描绘了众多的道教神祇。

比如晋城泽州玉皇庙珍藏了宋、金、元不同时期的彩塑260余尊，包括玉皇大帝、普天星君、三垣、四圣、九曜星、六太尉、十二辰、二十八宿等。芮城永乐宫珍藏的元代壁画宏伟精湛，有吕洞宾传记故事，也有群仙朝谒元始天尊的《朝元图》，286个神祇按对称仪仗形式排列，以南墙的青龙、白虎星君为前导，以天帝、王母等为主神，十二辰、二十八宿等徐徐展开。太原西南的龙山石窟珍藏有近80尊宋、元时期的造像……这些雕塑、壁画和石窟都艺术地展现了中国道教的诸神系统。

玉皇大帝彩塑
山西晋城泽州玉皇庙

二十八星宿彩塑
山西晋城泽州玉皇庙

古桥奇葩

桥是人类建筑中的一朵奇葩，中国古代的桥梁取得了辉煌的成就，不仅在华夏文明，也在东西方文化交流中占据着重要的地位。

我国幅员辽阔，河道纵横交错，古人们曾建造数以千万计的桥梁，这些桥梁不仅设计精巧，而且坚固耐用，承受了千百年的风雨侵蚀、洪水冲击、地震破坏，以及战乱兵祸的洗礼，仍有大量的桥梁保存至今，为今人所用。

以"桥"命名的"国保"不下40处

根据笔者的统计，前六批2352处"国保"中的桥梁建筑就有不下40处。其中第一批5处，包括四川泸定桥、北京丰台卢沟桥、河北赵县隋代安济桥、福建晋江宋代安平桥和河北赵县金代永通桥；第二批1处，广西三江侗族自治县民国程阳永济桥；第三批3处，包括江西星子县宋代观音桥、福建泉州宋明洛阳桥和广东潮州宋明广济桥；第四批1处，四川泸县明代龙脑桥；第五批8处，包括江苏苏州明代宝带桥、浙江义乌宋代古月桥、浙江庆元县明代如龙桥、浙江绍兴宋代八字桥、福建漳州宋代江东桥、河南临颍宋代小商桥、广西三江清代岜团桥和贵州黎平清代地坪风雨桥；第六批23处，包括河北涿州明清永济桥、河北献县明代单桥、河北永年县明代弘济桥、河北安国明代伍仁桥、江苏太仓元代石拱桥、浙江温岭新河宋代闸桥群、浙江德清宋代寿昌桥、浙江苍南赤溪五洞桥、浙江泰顺廊桥、福建闽东北清代廊桥、江西樟树宋代鸣水桥、江西婺源清华宋清彩虹桥、山东泗水唐金卞桥、湖南通道侗族自治县坪坦清代风雨桥、四川新龙清代波日桥、贵州福泉明代葛镜桥、云南丽江金龙桥、云南建水双龙桥、浙江杭州钱塘江大桥、云南屏边苗族自治县清代五家寨铁路桥、甘肃兰州清代黄河铁桥和甘肃渭源民国灞陵桥。

上述这40处"国保"都是以"桥"为独立登记对象的，其他的"国保"，比如建筑群、陵墓、寺庙、园林中也有很多桥梁，如晋祠鱼沼飞梁、故宫金水桥、颐和园十七孔桥、玉带桥、苏州园林中的桥梁、丽江古城中的桥梁，等等。如果把这些桥梁也一并统计在内的话，将是一个很大的数字。

现存最古老的桥

河北赵县安济桥又称"赵州桥"为我国现存最古老的石桥之一，它横跨洨水南北两岸，建于隋朝大业年间（605～618年），由著名匠师李春建造，距今已有1400多年的历史。1400年间，赵州桥经历了10次水灾、8次战乱和多次地震，特别是1966年附近邢台发生的7.6级地震，都没有被破坏。桥全长50.82米，宽9.6米，跨度为37.37米，由28道独立拱券组成。在大桥洞顶左右两边拱肩里，各砌有两个圆形小拱，用以加速排洪，减少桥身重量，节省石料，这种"敞肩拱"建桥技术的运用，是中国古人对世界桥梁建设的伟大贡献。1961年，安济桥被国务院

河北赵州安济桥

公布为第一批"国保"。

河南临颍小商桥同样是一座"敞肩拱"的石桥,茅以升先生认为该桥要早于安济桥。它始建于隋开皇四年(584年),桥长21.3米,宽6.45米,高6.55米,通体用红色石英砂岩砌筑,主拱券用20道并列券建造。主券两侧各有一腹券,外券石上雕刻有精美的图案。

河南临颍小商桥

据说小商桥与历史上著名的"郾城大战"有关。公元1140年,金人南侵,岳飞由襄阳北上,于金兵大战于郾城。7月8日,在小商桥南十多千米处,双方展开大战,杨再兴和岳飞大破拐子马,金兵大败。几天之后,金兵首领兀术又亲率兵众,以小商桥为前阵,和宋军对垒。岳飞为了乘胜追击,派杨再兴将军率三百轻骑为前锋攻击敌军。他们和金兵从辰时死战到申时,由于杀敌心切,杨再兴越河北上准备直捣黄龙。过河时,杨将军的坐骑被河中的淤泥、蒿草缠住,陷入河中,金兵万箭齐发,杨将军虽满身箭镞,仍怒目圆睁,面向北方而不倒。岳飞赶到后,看到此景,失声痛哭。然而他还未来得及替杨将军报仇,就接到了班师回京的金牌。悲愤之余,岳飞来到小商桥,仰天长叹,挥笔写下了这首大家熟悉的《满江红》:"怒发冲冠,凭阑处、潇潇雨歇。抬望眼,仰天长啸,壮怀激烈。三十功名尘与土,八千里路云和月。莫等闲,白了少年头,空悲切! 靖康耻,犹未雪;臣子恨,何时灭?驾长车,踏破贺兰山缺。壮志饥餐胡虏肉，笑谈渴饮匈奴血。待从头，收拾旧山河，朝天阙！"其中提到的"凭栏处"指的正是小商桥。2001年，小商桥被公布为第五批"国保"。

现存最长的桥

福建晋江安平桥全长五华里，又称"五里桥"，曾是世界上最长的桥，比南京长江大桥的正桥还长数百米，留下了"天下无桥长此桥"的美誉。

安平桥始建于南宋绍兴八年（1138年），倡建该桥的富商黄护，生于北宋哲宗元祐元年（1086年）。二十岁时随姑丈高纪昌到广东经商，后又渡海到东南亚文莱发展。三十岁时衣锦还乡，在安海街坊上开了十二间商铺，主营米粮、蔬果、杂货，次营饮食、海鲜、山珍，成为安海当地首富，后代繁衍生息，包括郑成功的亲戚就有黄护的后代。黄护从小博览群书，喜欢结交高僧，为人热心公益。1138年，黄护捐资三万缗钱倡建安平桥，工程进行到一半，他就不幸病逝。儿子黄逸继承父志，继续主持修建，至1152年终于大功告成。桥身用花岗岩砌筑，全长2255米，宽3～3.8米，共有361个桥墩。桥墩用花岗岩条石横直交错叠砌而成，设计者在不同的水流位置选择了不同的桥墩形式，水流一边急一边缓的港道地方为单边船形，便于泄水；水深流急、水面较宽的主要港道为双边船形墩，以减小流水的阻力；水浅流缓的地方为长方形桥墩，以增加桥的稳定性。桥面用 5～8 条大石板铺架。桥面上沿途建有五座凉亭，供行人歇

福建晋江安平桥护桥将军石雕

河北涿州永济桥效果图

永济桥主桥桥面

脚。东端为水心亭,西端为海潮庵,中部的中亭规模最大,面宽10米,周围保存历代修桥碑记16方。亭前伫立2尊护桥将军,系宋代石雕艺术品。在三亭中间,还有2座雨亭。桥面两侧有石护栏,栏柱头雕刻狮子、蟾蜍等形象。1961年,安平桥被公布为第一批"国保"。

河北涿州永济桥被誉为"中国第一长石拱桥"。它始建于明万历二年(1574年),因横跨于拒马河之上又名"拒马河桥",清乾隆二十五年(1760年)重修后赐名为"永济"。永济桥历史上为十八省通衢之必经,古御道之要冲。桥体规模宏大,造型优美,远望恰似一条彩虹横跨两岸,历来被誉为涿州八景之一,素有"拒马长虹"的美誉。桥主体立面为九孔联拱式,呈中高两端坡状,桥端筑引桥,桥南砌筑石堤并下设涵洞22个,使其成为"堤形引桥"以泄夏秋洪涝。文献记载,永济桥并南北堤形引桥长二百余丈。2004年12月,经对该桥引桥进行的探查和试掘，永济桥主桥并南北引桥总长为627.65米，其中主桥长151.15米。2006年，永济桥被国务院公布为第六批"国保"。

罕见的"十"字形桥

"十"字形的桥是极少见的桥梁形式，山西晋祠中的"鱼沼飞梁"作为这种"十"字形桥的孤例，1961年被公布为第一批"国保"。

鱼沼飞梁位于晋祠圣母殿前的水池上，与圣母殿同为北魏时期始建，距今已有1500多年的历史。北宋天圣年间（1023～1032年）重建圣母殿时，利用殿前的泉水筑了砌石泉池，由于池中多鱼，所以取名"鱼沼"，因循"架桥为座，若飞也"、"飞梁石磴，陵跨水道"的说法取名"飞梁"。

晋祠鱼沼飞梁建筑构架

桥面作"十"字形，东西长19.6米，宽5米，高出地面1.3米，前后与献殿和圣母殿相接，南北桥面长19.5米，宽3.8米，左右下斜连到沼岸。由于桥面东西宽广，南北下斜如翼，与地面相平，整个造型犹如一只欲展翅飞舞的大鸟。在方形沼内，置34根石桥柱，柱头置木斗拱与梁枋，承石头桥板与石栏杆，石桥面中高两侧面低，木斗拱与梁枋改变了石桥面的推力传递方向，使重量垂直传到桥柱上，桥柱从梁枋荷载角度分布间距宽窄不等。鱼沼飞梁充分利用不同材质在不同环境中的特点，如石头耐腐、耐磨、防火，木材具韧性与塑性，加以合理利用以达到桥

泰顺廊桥泗溪北涧桥

泰顺廊桥泗溪东桥

梁坚固、美观、耐久的效果。

美丽的廊桥

廊桥亦称虹桥、蜈蚣桥、风雨桥、亭桥等,桥上加建顶棚建筑,可保护桥梁,同时亦可遮阳避雨、供人休憩、交流、聚会等。这种桥与南方多雨的气候有关,历史上村落分散,交通不便,人们出外行走十几里都难以见到人烟。为了方便人们歇脚，聪明的建筑师不仅在相隔一定里程的大路边建上一座风雨亭，还把风雨亭与河上的桥梁结合在一起，建造出了美丽的廊桥。

廊桥在中国南方地区多有分布，特别是闽浙交界地区非常集中，此地也被称为"中国廊桥之乡"。2006年，浙江泰顺和闽东北的邵武、屏南、古田、寿宁等县的廊桥被国务院公布为第六批"国保"。

浙江泰顺现存30多座明清廊桥，其中泗溪北涧桥、溪东桥、三魁薛宅桥、仙居桥、筱村文兴桥、三条桥等木拱廊桥结构巧妙，造型美观，在中国乃至世界桥梁史上都占有重要地位。20世纪70年代，著名的桥梁专家茅以升先生，组织科学家对浙南叠梁木拱桥进行实地考察与比较研究，认为浙南山区的叠梁木拱桥与北宋张择端所画的《清明上河图》中的虹桥极为相似，应该就是北宋时期盛行于中原的虹桥结构。

笔者曾经走到江西的婺源，为一座位于清华古镇西头婺水之上的廊桥所吸引。这座名为彩虹桥的廊桥始建于南宋，至今已有八百多年的历史。整座桥为长廊式，全长一百四十米，由六亭五廊构成，廊亭两侧

江西婺源彩虹桥

的栏杆和坐凳可供行人歇脚，顶上的木椽青瓦则用来遮阳避雨。桥的选址和桥墩设计充分体现出古人的智慧。首先桥址选在婺水最宽处，这里河水流速最缓，对桥冲击力就最小；其次桥墩被设计成半船形的"燕嘴"，可以分解洪水的冲击力；还有桥墩之间的距离，是根据河床的流速设定的，流速最大的地方，墩距最大，有利于泄洪；最后是条石的砌法讲究，用长短大小不一的条石相钳在一起，缝隙小，结合得非常牢固。桥上的碑铭告诉我们谁是桥的始作俑者，其背后还有个感人的故事：原来历史上的清华村是连接徽州府与饶州府的东西驿道，在今天彩虹桥上游四十米的地方有一座独立木桥供行人过往，由于木桥小且不够坚固，经常被洪水冲毁，给过往的行人、劳作的村里人带来很大的不便。有位叫做胡济祥的村民很想为大家做点儿善事，他发愿要在婺水上建造一座坚固的石桥。由于建桥开支巨大，为了募捐资金，他断然削发为僧，耗时3年终于凑够所需经费。由工匠胡永班主持设计建造，经过4年的精心施工，终于建成了这座美丽的廊桥。2006年，彩虹桥被国务院公布为第六批"国保"。

跨越时空清宫过大年

春节作为全球华人一年中最隆重、最喜庆的节日,已流传千年。2012年,就让我们一起跨越时空,到紫禁城里与清朝皇帝过回大年,亲身领略一下那里的浓浓年味吧!

漱芳斋开笔书福 赐福苍生

腊月初一日起,皇宫里就开始准备过年了。大扫除、制作鞭炮、花灯、准备食物、压岁钱、供品、添置新衣、更换陈设等事无巨细。其中最为重要的是皇帝要"开笔书福",这意味着"赐福苍生"。乾隆、嘉庆皇帝每到开笔日,都要到位于西六宫北、重华宫东,紧贴御花园的漱芳斋书写第一个"福"字。漱芳斋平面呈"工"字形,有前后两座厅堂,中间有穿堂相连。前殿与南房、东西配殿围成独立的小院,其间有游廊相连。前殿东次室额题"静憩轩",为乾隆年少时的读书处。后殿

故宫御花园通向漱芳斋的门(目前漱芳斋没有对外开放)

乾隆皇帝退位后,元旦在重华宫前殿接受皇子皇孙的庆贺,后殿受嫔妃、公主、福晋等庆贺。正月,乾隆皇帝在重华宫召诸王、大学士、内廷翰林等于重华宫茶宴联句。

乾隆皇帝、嘉庆皇帝每到开笔日,到漱芳斋书写第一个福字,贴在乾清宫正殿。新年正月里的吉日,皇帝陪皇太后在漱芳斋吃早饭。

交泰殿是存放皇帝二十五宝的宫殿,每年小年前的四天择吉日举行封印仪式,全国放假。元旦,皇后向皇太后、皇帝朝贺后,就来到交泰殿接受妃嫔、公主、福晋、命妇的朝贺。

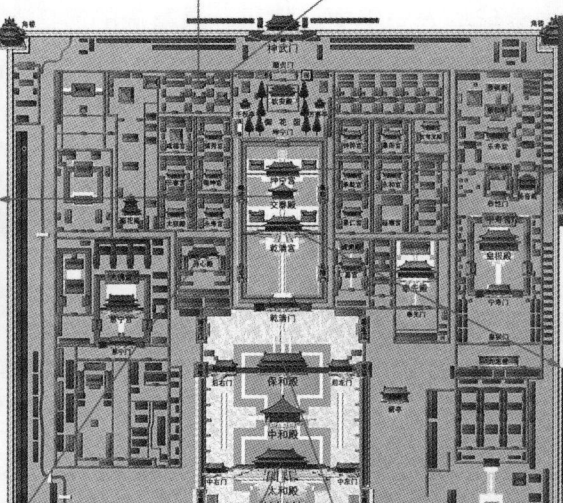

腊月二十三坤宁宫祭灶,元旦次日,坤宁宫祭,皇帝与内外藩王、贝勒、辅臣、六部正卿一吃祭神肉,肉用盘子端上,每个人自己用刀子肉吃,是遵照满族的习俗。吃完,喝过茶,皇回宫,其他人退出。

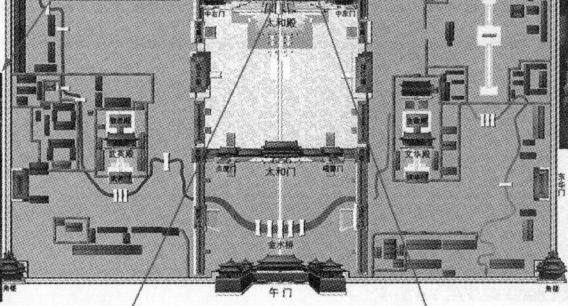

每年的腊月二十四日,乾清宫要举行上天灯万寿灯的仪式。这一天,总管内务府大臣率太监,举着灯进乾清门,将天灯安设在乾清两侧的丹墀内,将万寿灯安设在丹陛上。从设之日起,每晚点燃天灯,到二月初三日出为止。自安设之日始,万寿灯每日升灯联,除夕由内务府大臣率员换联,并安两廊栏的灯。于除夕、元旦、正月十一、十四、十、十六日上灯,至正月十八日出灯。
除夕、元旦等日,乾清宫还要举行内廷辞岁年,家宴。

养心殿元旦开笔之典始于雍正。元旦子刻在养心殿东暖阁明窗,案上设金瓯一,中注屠苏,玉烛一,手引发光。笔管镌字"万年青"。诸器物经用毕,皆一手为料检,饬司事支藏。嘉庆皇帝在正月初一的子刻到养心殿东暖阁,桌子上放着金瓯永固杯和玉烛,用万年管、藏朱墨,各书吉语数字。

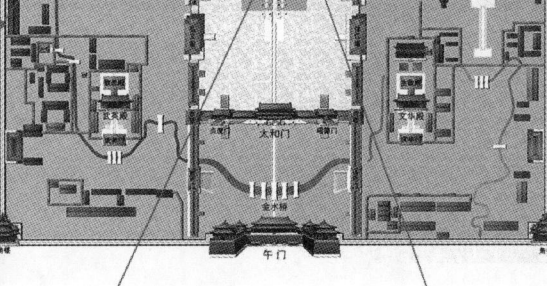

元旦这天,文武百官齐集太和殿广场给皇帝拜年。辰时,钦天监官员宣布时刻已到,午门上鸣钟击鼓,乐队奏响音乐,皇帝登上太和殿宝座,鞭炮声起,赞礼官高喊"排班"。百官按照品级列队下跪。这时由两名大学士跪捧贺表,由宣表官宣读。读毕,百官行三跪九叩大礼。礼毕,皇帝赐座赐茶,百官又要叩头谢恩。茶毕,鞭炮再响,乐队再奏,皇帝下殿,百官也依次退出大殿,贺岁大典告一段落。

每年的除夕、元旦等日,皇帝要到三大殿之一的保和殿举行赐外藩蒙古王公来朝的筵宴大礼。

清宫过年主要活动场所图

名"金昭玉粹"。南房北面接重檐四角攒尖顶亭式戏台一座，与前殿相对，是乾隆即位后修建的单层戏台，作为重华宫宴集演戏之所。清帝书写的第一个"福"字一般要挂在乾清宫的正殿，其余的张贴于后宫等处，有的则赐给王公大臣。

宫里准备的春联、门神和宫训图也是颇具特色。与民间习俗不同的是，清宫中的春联不用红纸，按照满俗，清朝内廷及宗室王公等用白纸，缘以红边、蓝边。宫训图是宫廷专用的，其上绘历代有美德的后妃故事一则，专门用于东、西六宫，作为后妃的榜样。

交泰殿封存宝印　各地放假

进入腊八，年味越来越浓了。小年之前四天（十九至二十二日）之内，由钦天监选择吉日"封印"，各地停止办公，学校放假等，正式开始庆祝新年。封印这天，宫里要在后三宫之一的交泰殿里举行隆重的仪式。交泰殿殿名取自《易经》，寓"天地交合、康泰美满"之意，殿平

交泰殿供奉着皇帝的二十五枚御玺，年前要举行封印仪式

面为方形，四角攒尖鎏金宝顶，殿中明间设宝座，上悬康熙御书"无为"匾，东次间设铜壶滴漏，西次间设有自鸣钟计时。殿里最为重要的陈设当属皇帝行使权力的"二十五宝"，即二十五枚印章。这些御玺各有不同的用途：如"皇帝之宝"用于颁发诏书、录取进士时公布皇榜；"制法之宝"和"命德之宝"用于谕旨臣僚和奖励官吏；"制驭六师之宝"用于军事等。自乾隆十三年（1748年）起，这些御玺便存放在交泰殿里。

封印仪式上，交泰殿中的供案要摆设酒果，点燃香烛，请皇帝拈香行礼后，管理御玺的官员捧着宝印出殿，到乾清门外进行洗拭，再捧入殿内加以封贮。来年正月，选择吉日开封。开宝印时，礼仪同前。

坤宁宫祭祀灶神 帝后齐出场

腊月二十三是小年，祭灶神的仪式在后三宫之一的坤宁宫举行。坤宁宫平面长方形，重檐庑殿顶。明代时是皇后的寝宫。清顺治十二年（1655年）进行了改建，殿内东侧两间隔出为暖阁，作为居住的寝室。康熙大婚时，太皇太后指定大婚在坤宁宫行合卺礼。后来同治、光绪、溥仪结婚也都是在这里举行。殿内西侧四间设南、北、西三面炕，作为萨满教祭神的场所。

祭灶神的仪式就在殿内西侧举行，要设供案、奉神牌、备香烛，摆供品。供品共33种，特别的有南苑猎取的黄羊一只，使用由盛京（今沈阳）内务府进贡的麦芽糖（关东糖）等。杀牲煮肉就在殿后檐的锅灶间进行，灶间设槅花扇门，浑金毗卢罩，装饰考究华丽。与民间女子不祭灶王爷的习俗不同，清宫祭灶神时，皇帝先到坤宁宫的佛像前、神龛前、灶神前拈香行礼。等皇帝礼毕回宫后，皇后再行祭礼。

小年后转天，宫中要上天灯和万寿灯，灯火辉煌通宵达旦。腊月二十六日左右，各宫将准备好的春联、门神和宫训图挂出，一派喜气。在除夕前的几天里，宫里还要由喇嘛主持"得禄"、"打鬼"等传统的祭祀仪式。皇帝也要到太庙祭祖迎接新年的到来。

保和殿赐宴外藩　行辞岁礼

除夕，真正的庆典开始了。凌晨寅时左右，皇帝起床到宫殿各处拈香行礼，鞭炮声中邀请各处神佛来宫里过年。午刻，皇帝到三大殿之一的保和殿举行赐外藩蒙古王公来朝的筵宴大礼。保和殿有"志不外驰，恬神守志"，方能福寿安乐、天下太平之意，平面长方形，重檐歇山顶，建筑上采用了减柱造做法，将殿内前檐金柱减去六根，使空间宽敞舒适。殿内匾额为乾隆御笔"皇建有极"。

根据清代的文献记载，赐宴外藩时皇帝御筵设于宝座前正中，外藩大臣的宴桌围绕左右，殿前丹陛上按品级摆满宴桌。保和殿屋檐下和中和殿北檐下有皇家乐队，殿外东隅等待着舞蹈、杂技、百戏的表演者。皇帝驾到后，依次进行燕礼、奏乐、进茶、进爵、行酒、进馔、乐舞、杂技、百戏、宴毕谢恩等礼节。

宴饮结束后，宫里还要举行皇帝的家宴，帝后及宫眷也要分别诣太后宫行辞岁礼，吃煮饽饽（饺子）等。

养心殿元旦开笔　江山永固

正月初一，亦称正旦、元旦。这一天是新的一年开始，皇宫内几乎马不停蹄，皇帝子时或丑时就沐浴更衣到各处拈香行礼。雍正时又增加了到养心殿东暖阁明窗处开笔的习俗。养心殿取"存其心，养其性，以事天"之意，位于乾清宫的西侧，平面呈"工"字形。前殿为皇帝召见群臣、处理政务，以及读书、学习的地方，后殿是皇帝的寝宫，两侧耳房则为皇后、贵妃等的陪侍之所。前殿明间正中设皇帝宝座，明间西侧的西暖阁分隔为数间，其中最有名的是乾隆皇帝的读书处"三希堂"，明间东侧的东暖阁就是元旦开笔的地方，清末的"垂帘听政"也在这里。

元旦开笔时，在东暖阁明窗处的桌上放"金瓯永固"杯，寓意"江山永固"。杯内盛屠苏酒，在玉烛映照下，皇帝用镌有"万年青管"或

养心殿东暖阁明窗,元旦皇帝在此开笔

"万年枝"字样的毛笔蘸朱墨等,写下新年吉语,祈求国家政和事通。如嘉庆元年(1796年)元旦开笔笺为洒金朱笺,中间一行红字为"嘉庆元年元旦良辰,宜入新年,万事如意",右行黑字稍小为"三阳启泰,万象更新",左行黑字为"和气致祥,丰年为瑞"。

太和殿百官朝贺　大宴群臣

元旦开笔后,皇帝还要到宫外满洲祭神祭天的庙堂——堂子,以及乾清宫东侧祭祖的奉先殿进行祭拜。

天蒙蒙亮,最为隆重的典礼在太和殿开始了。这里是整个故宫的建筑主体和核心空间,采用最高级别的建筑规格,面阔十一间,上承重檐庑殿顶,下坐三层汉白玉台基,殿前的广场可容纳上万人。元旦这天,文武百官齐集太和殿广场给皇帝拜年。辰时,钦天监官员宣布时刻已到,午门上鸣钟击鼓,乐队奏响音乐,皇帝登上太和殿宝座,鞭炮声声,赞礼官高喊"排班"。百官按照品级列队下跪。这时由两名大学士跪捧贺表,由宣表官宣读。读毕,百官行三跪九叩大礼。礼毕,皇帝赐

奉先殿供奉先祖牌位，元旦皇帝要进行祭祀

座赐茶，百官又要叩头谢恩。茶毕，鞭炮再响，乐队再奏，皇帝下殿，百官也依次退出大殿，贺岁大典告一段落。

有时候贺岁大典还要伴随着盛大的午宴。太和殿内宝座前设皇帝御桌，周围按照品级环绕百官宴桌，大殿前檐下东西两侧及丹陛上也摆满了官员的宴桌，三台下丹墀左右是三品以下官员的宴桌，数量足足有好几百桌。鞭炮礼乐声中，百官行礼敬酒，然后王公大臣和司舞者共同跳起独具特色的满族宫廷舞蹈——"庆隆舞"，接着还有各族乐舞和百戏表演。最后，乐队再奏，百官行礼，皇帝还宫，宴会结束。

乾清宫家宴 内廷贺岁

除了接受百官朝贺外，元旦这一天皇宫内廷还要举行家宴，全家团聚庆贺。这项活动主要在后三宫的乾清宫举行。乾清宫位居后三宫之首，平面呈长方形，重檐庑殿顶，殿前宽敞的月台上，分别摆设铜龟、铜鹤、日晷、嘉量等。

元旦当天，乾清宫檐下和乾清门内都要设皇家乐队。皇帝在贺岁大典结束后，乘舆回到乾清宫，伴随着礼乐声，登上宝座。这时候音乐停止，身着礼服的后宫妻妾依次进宫。音乐响起，皇后带领妃子们行六肃三跪三拜之礼。行完礼后，后妃各自回宫。接着皇子等在殿外丹陛上行三跪九叩礼，与此同时，各宫首领太监也在东西丹墀下随礼。礼毕，皇帝起座回宫。

内廷贺岁常常也伴随着隆重的家宴。皇帝的御筵设在乾清宫的宝座前，皇后及后妃位列左右。宴席按照宫廷礼仪进行，行礼敬酒毕，还有乐舞表演，最后宫殿监奏"宴毕"，皇帝起座，家宴结束。新年期间，皇帝还要跟王公宗室们吃一次乾清宫家宴。如咸丰、同治、光绪三朝，都是在元旦这天宴请近支亲藩。

如果皇太后健在的话，帝后及宫眷还要向太后行贺岁礼，家宴还要继续……

重华宫茶宴　联句贺春

乾隆皇帝退位后，元旦这天会在重华宫前殿接受皇子皇孙的庆贺，在后殿接受嫔妃、公主、福晋的庆贺。重华宫位于西六宫以北、御花园以西，是乾隆在1727年成婚后居住的地方。宫内三进院落格局，前院正殿为崇敬殿，殿内正中悬乾隆为和硕宝亲王时亲笔书匾额的"乐善堂"。中院正殿即重华宫，东配殿为葆中殿，西配殿为浴德殿，是乾隆的书房。后院正殿为翠云馆，东次间匾名"长春书屋"，是乾隆即位前的读书处。

重华宫也是正月里茶宴联句的地方，这个习俗起自乾隆，他喜欢召集诸王、大学士、内廷翰林等参加茶宴，赐三清茶及水果，然后作诗联句等庆贺新年，一开始的时候人数不定，后来定为18人，每年都要举行。

正月里，祭祀、朝贺、吃喝、玩乐成为清宫的主要任务，转宴席，观戏剧，放烟火，看花灯……庆祝新年的活动总是层出不穷，不同的皇帝、不同的年份，贺岁的内容也不尽相同，但是团圆、喜庆、祥和的主题却是不变的。

百年辛亥话"国保"

2011年正值辛亥革命一百周年,新年伊始,海内外已经开始举办各种纪念活动了。我们也愿意通过几个"国保"专题,从文物的角度来纪念它,以飨读者。

世界各地的孙中山"国保"

一百年前,孙中山先生倡导的革命治世思想引领着全中国人民推翻了帝国主义和封建王朝。1925年先生逝世以后,海内外为纪念这位伟大的革命先行者,将他工作、生活、战斗过的地方保护起来,陆续建立了许多纪念馆、纪念堂、雕像、碑刻、塔、林等,供世人永远瞻仰缅怀,其中不少已被公布为"国保",而新加坡等地也将孙中山旧居等评定为国家级的古迹。

广东和上海的孙中山故居是中国"国保"

1866年11月12日,孙中山诞生于广东省中山市南朗镇翠亨村。

孙中山故居坐东北向西南,占地面积500平方米,建筑面积340平方米,是孙中山长兄孙眉于1892年从檀香山汇款回来由孙中山主持建成的。故居是一幢砖木结构、中西结合的两层楼房,并设有一道围墙环绕着庭院。孙中山故居外表仿照西方建筑。楼房上层各有七个赭红色装饰性的拱门。屋檐正中饰有光环的灰雕,环下雕绘一只口衔钱环的飞鹰。楼房内部设计用中国传统的建筑形式,中间是正厅,左右分两个耳房,四壁砖墙呈砖灰色勾出白色间线,窗户在正梁下对开。居屋内前后左右均有门通向街外，左旋右转，均可回到原来的起步点。正门有宋庆龄手书的"孙中山故居"木刻牌匾和孙中山亲笔撰写的对联"一椽得所，五桂安居"。故居庭院南边，栽植一株孙中山1883年从檀香山带回来的酸子树。正厅北边耳房是孙中山与原配夫人卢慕贞的卧室，当年所用的大木床、梳妆台和凳等仍旧摆放着。1892～1895年和1912年，孙中山都曾在此住过。二楼南边，是孙中山的书房，墙上挂着孙中山17岁时的照片。室内有孙中山日常使用过的书桌、台椅、铁床。

上海孙中山故居是一幢欧洲乡村式小洋房，由当时旅居加拿大的华侨集资买下赠送给孙中山的。孙中山和夫人宋庆龄于1918年入住于此，1925年3月孙中山逝世后，宋庆龄继续在此居住至1937年。抗日战争爆发后，宋庆龄移居香港、重庆，1945年底，宋庆龄回到上海将此寓所移赠给国民政府。

作为孙中山的永久纪念地，上海孙中山故居和广东孙中山故居分别在1961年和1988年被国务院公布为"国保"。

上海孙中山故居南立面

孙中山南洋旧居是新加坡"国保"

南洋华人为中国革命事业提供了重要的经济支援，甚至为革命献出生命。黄花岗72烈士之中，华侨占了31人，其中新加坡人有10多位。

孙中山先生在1900年第一次访问新加坡，此后一直到1911年辛亥革命成功，中山先生前后来访了8次，活动主要集中在晚晴园。晚晴园始建于19世纪末，平面呈"凸"字形，双层洋楼，园中置喷泉等。这幢独立洋房由当时新加坡橡胶业巨头张永福为他的母亲购置。张永福是中国革命事业的热心支持者，1906年2月，他将这幢独立洋房送给孙中山先生，以方便他进行革命活动。孙中山把此地作为中国同盟会南洋支部的活动据点，至今仍保留着他睡过的铜床、用过的桌椅等物品。

1911年，辛亥革命成功后，晚晴园由当时的中华总商会（现在的新加坡中华总商会）接管。1964年12月，为了纪念孙中山先生及其革命活动，中华总商会对晚晴园进行翻新。翻新工作于1965年结束。晚晴园也随之更名为孙中山故居。1994年，新加坡古迹保存局将孙中山故居评定为国家级古迹。1996年，中华总商会将其更名为孙中山南洋纪念馆，以追念孙中山先生在东南亚一带的革命事迹。

南京中山陵和北京香山碧云寺孙中山衣冠冢

1925年3月12日，孙中山先生在北京与世长辞。在社会各界举行了隆重的公祭之后，中山先生的灵柩于4月2日移至香山碧云寺金刚宝座塔石券门内暂厝。

南京民国政府遵照孙中山生前安葬在南京钟山的遗愿，在紫金山选址建造中山陵。孙中山先生的葬事筹备处广泛征集陵墓设计方案。结果，建筑师吕彦直设计的"自由钟"式图案荣获首奖。"钟"含有警示之意，象征了孙中山先生对革命的贡献。吕彦直的方案融汇中国古代与西方建筑的精华，庄严简朴，别创新格。南洋大学校长凌鸿勋在评判报告中称赞吕彦直的设计图案"简朴浑厚,最适合于陵墓之性质及地势之情形,且全部平面作钟形,尤有木铎警世之想"。吕彦直被聘请为陵墓总建筑师。

中山陵自1926年1月动工,至1929年主体建成。面积共8万余平方米。主要建筑有:牌坊、墓道、陵门、碑亭、祭堂和墓室等。环绕中山陵的主体建筑,还有一系列纪念性建筑,如为便于孙中山先生家属守灵而在陵墓后上方建造的永慕庐、存储奉安大典纪念物品的奉安纪念馆以及宝鼎、音乐台、流徽榭、仰止亭、光华亭、行健亭、藏经楼等。从空中往下看,中山陵像一座平卧的"自由钟"。山下中山先生铜像是钟的尖顶,半月形广场是钟顶圆弧,而陵墓顶端墓室的穹隆顶,就像一颗溜圆的钟摆锤。含"唤起民众,以建民国"之意。这组建筑,在形体组合、色彩运用、材料表现和细部处理上,都取得很好的效果,色调和谐,从而更增强了庄严的气氛。既有深刻的含意,又有宏伟的气势,被誉为"中国近代建筑史上的第一陵"。1929年3月18日,中山陵工程还没有最后完工,吕彦直就因为患肝肠癌而去世,年仅36岁。

1929年5月28日,孙中山灵柩由北京运抵南京中山陵,移灵时更换出的中山先生的衣帽,被放回原殓的楠木棺中,封入香山碧云寺金刚宝座塔石塔内。为纪念中山先生遗体暂厝之地,当时民国政府在普明妙觉殿立"总理纪念堂",在金刚宝座塔石券门石塔立"总理衣冠冢"。

中山陵和碧云寺分别在1961年和2001年被公布为"国保"。

南京中山陵

全世界最大的孙中山纪念堂在广州

　　1926年1月,中国国民党第二次全国代表大会为纪念孙中山,决定在他当年的总统府旧址上兴建中山纪念堂。纪念堂同样由中山陵设计师吕彦直设计,坐北朝南,包括门楼及东西附楼,总占地面积为60000平方米。门楼为钢筋混凝土结构,面阔三间,进深一间,开3个拱券门,中门较高,两侧门稍低,正中为歇山顶,两侧为庑殿顶。铺蓝色琉璃瓦,檐下施水泥彩绘斗拱和额枋,悬挂"中山纪念堂"横匾,外墙贴乳黄色面砖,墙裙作花岗石须弥座形式。纪念堂建筑面积约为3700平方米,高49米。采用钢桁和钢筋混凝土结构,由前后左右四个宫殿式重檐歇山抱厦建筑组成。堂顶镶盖宝蓝色的琉璃瓦,瓦面分高低四层,层层飞檐出卷。大堂内空间极大,无一柱遮挡视线,而由隐蔽在墙壁的8根柱子,支撑着巨大的钢桁架,承托起八角琉璃瓦顶,是建筑艺术中的杰作。东西

广州中山纪念堂

附楼由李铿、冯宝龄设计，高二层，红砖外墙，为钢桁架结构。

中山纪念堂建成于1931年，是目前全世界最大的孙中山纪念堂，也是广州最具标志性建筑物之一，是中国传统建筑风格与西方建筑风格完美结合的典范。2001年被国务院公布为第五批"国保"。

近代军校中的几处"国保"

19世纪末20世纪初以来，清政府、北洋军阀及民国政府为了培养新式军队创建了许多军校，其中著名的有保定陆军军官学校、黄埔军校、云南陆军讲武堂等，如今它们的创办地已经成为"国保"。

保定陆军军官学校是近代中国第一所正规化的高等军事学府

稍谙近代史的人都知道保定当年可是直隶首府，辖道京畿，在这里担任总督的都是位高权重、叱咤风云的人物。1902年，直隶总督兼北洋大臣袁世凯在保定东关外创练新军，成立北洋行营将弁学堂，由冯国璋任校长。后又改名为北洋陆军速成武备学堂、北洋通国陆军学堂、陆军随营学堂、陆军大学堂等。1912年，民国改元后正式更名为陆军军官学校。由于军阀之间混战不断，军校在培养了九批学生后，终因无以维系，于1923年停办。

作为近代中国第一所正规化的高等军事学府，保定陆军军官学校在中国人民反帝反封的斗争中发挥了重要的作用。这里的毕业生不仅人数多，而且质量优。如果算上清末在内，保定军校毕业后成为将军有名有姓的就有1800多人，其中不乏蒋介石、陈诚、顾祝同、傅作义、张治中等国民党领导人和高级将领，还有后来加入中国共产党的叶挺、赵博生、董振堂等一批将军。黄埔军校的教官中毕业于保定军校的足有五六十人，因此说"黄埔系"是"保定系"一手培养出来的毫不为过。

遗憾的是，当年规模宏大的军校校舍已经毁弃，如今仅存遗址。据记载，军校所在地原是一座拥有千亩庙产、殿宇百间的关帝庙。也许

保定军校复建大门

是想借助武圣人的神力庇佑，关帝庙后来被改为兵营，然而1900年却遭到了八国联军的焚毁。袁世凯筹资扩建的军校依然选址在关帝庙，又扩充了周围的部分农田和民宅，总占地面积一千五百余亩。校舍建筑格局仿日本士官学校，分校本部、分校（包括小教场）、大操场和靶场四部分。校本部居中，按照中国传统院落的布局分为东、中、西三路。东、西两路是教室与学生宿舍，对称布局，各有十排青砖瓦舍，每两排组成一个独立的院落，每个院落住约一连学生。中路南部是军校的办公区，高大的尚武堂是全校的中心，坐北朝南，气势宏伟。北部是一个大的庭院。校本部四面建有高大的围墙，墙外有护城河环护，大门在南侧，有石狮把门，门楼面阔三间，高大雄伟，门楣上悬挂李鸿章手书"陆军军官学校"六字横匾，隔河还有照壁相对。校本部东侧是分校，靶场在分校北面，大操场成"["形，由北、西、南三面拱卫校本部。鉴于保定陆军军官学校在中国近代史上的重要性，2006年，军校旧址被国务院公布为第六批"国保"。

云南陆军讲武堂是一所名副其实的国际军事学校

清末"洋务运动"实施军制改革、建立新式陆军,云南陆军讲武堂顺应潮流而创办,它与天津北洋讲武堂和东北奉天讲武堂并称三大讲武堂。1909年9月,在昆明美丽的翠湖旁,云南陆军讲武堂建成并正式迎来了第一期学员。辛亥革命以后,讲武堂继续兴办,截至1945年,共办二十多期,培养学生2万多人,包括华侨学生500多人,朝鲜籍学生30多人,越南籍学生60多人,缅甸籍学生20多人,是一所名副其实的国际军事学校。

讲武堂是一座青瓦黄墙的走马转角楼式建筑,东、西、南、北楼围着1.2万多平方米的院子。南、北楼高两层,为学员宿舍;西楼同样为两层,是教室;东楼高三层,是办公的场所。每楼长约120米,周长近500米,四角有拱形门洞可出入,墙体采用青石、土坯、砖砌成,对称衔接,浑然一体。

云南陆军讲武堂大门

建筑中间的院落是操练场,在这里操练过的人才济济、名将辈出。国内的将级军官数以百计,其中元帅就有两人,上将有十多人。国外有原缅邦最高军事委员会主席吴奈温将军,原越南国防部长武元甲大将,原朝鲜人民委员会委员长崔庸健大将。

作为共和国的开国元勋,朱德、叶剑英两位元帅均毕业于云南陆军讲武堂,他们的名字与卓越功勋也都始自这里。1909年云南陆军讲武堂刚刚创建时只招收本地生源，朱德便从家乡四川赶来参加考试，当时他的报考名字叫"朱建德"，结果自然是未被录取。后来，他采取同学改换籍贯的办法，并将名字改作"朱德"，顺利考入讲武堂。从此，朱德的名字伴随他一生。叶剑英原名叶宜伟，1917年，他在马来西亚与几位南洋同学考取讲武堂，时年20岁的叶剑英决心报效祖国、施展抱负。他在给弟弟的信中写道：当今天下混乱，乃英雄吐气之时，有胆识、有军事技能者为前驱，有文才、有谋略者为后盾。他特意把自己的名字由"宜伟"改为"剑英"，以示报国决心，这一名字也伴随他一生。

云南陆军讲武堂是军事人才的摇篮，是中国革命的熔炉。1988年被国务院公布为第三批"国保"。

黄埔军校的创办是第一次国共合作的见证

根据黄埔军校的档案记载，1921年12月23日，由张太雷充当带路人和翻译，孙中山在广西桂林会见应邀到中国的共产国际代表马林。会谈中，马林向孙中山提出改组国民党、创办军官学校、建立革命军基础和实行国民党与共产党合作等意见。孙中山同意马林提出的这些建议，开始筹备创办军官学校。至1922年10月，孙中山召开改组国民党特别会议，以求加速改组国民党，实行国共合作筹建军校之进行。11月，他又主持召开国民党临时中央执行委员会第10次会议，通过创办军官学校决议。随着国共合作的深入，1924年1月孙中山选定广州黄埔长洲岛原广东陆军学校与广东海军学校旧址为"陆军军官学校"校址。在中国共产党和苏联军事顾问的帮助下，筹备工作迅速开展，5月第一期480余名学生先后入校。

1924年6月16日，黄埔军校正式开学。孙中山先生以"创造革命军，来挽救中国的危亡"为办校宗旨，以"亲爱精诚"为校训，开始培养革命军事人才。军校在黄埔办到第七期，1930年迁往南京。

黄埔军校大部分建筑物于1938年被日军飞机炸毁，现仅存旧址。作为第一次国共合作的见证，黄埔军校曾为国共两党培养出许多军事家和将领。徐向前、聂荣臻、林彪和陈毅等元帅,陈赓、许光达和罗瑞卿等将军都出自黄埔军校。周恩来、陶铸、刘志丹和左权等也在黄埔军校工作和学习过,他们为中国人民的解放事业做出了重大的贡献。而国民党军队的将领中,黄埔军校毕业的有杜聿明、胡宗南、邓演达、宋希濂等。1988年黄埔军校旧址被国务院公布为第三批"国保"。

杭州笕桥中央航校是中国近代最大的航空专业人才培训基地

笕桥中央航校是中国近代规模最大、组织健全完善,管理最严格的航空专业人才培训基地。它创建于1930年,以国民党原中央军校航空班为基础,在杭州市笕桥镇东北部的横塘村择址设立机构,采购飞机,招生办学。1931年,校舍和机场等建成,航校东部为机场等军事设施区,有弹油库、机修厂、飞机制造厂等建筑和设施,西部为教学生活区域,有运动场、办公楼、学生宿舍、别墅群等建筑和设施。抗日战争中部分建筑被破坏,后予以修复。

航校设立之初,由蒋介石兼任校长,聘美国人为顾问,并向美国购

笕桥中央航校办公楼

买费力提、道格拉斯、可塞等型号飞机作教练用机。学校设飞行科、机械科（从第四期开始设立）。学习内容有飞行学、航行学、飞机构造学、发动机学、空军战术、无线电通信及英语等。至1937年抗战前，共培训学员500余名。抗战爆发后，航校先后迁往云南昆明、巴基斯坦拉合尔，并改名为中央空军军官学校，而笕桥机场作为抗日战争初期空战的主战场，于1937年8月14日爆发了首次空战，在以高志航为代表的中国空军的顽强抗击下，一举击落了6架敌机，痛击了日本的侵略气焰。抗日战争胜利后航校迁回杭州笕桥，并分别在洛阳和广州设立分校。1948年冬迁台湾。

目前航校旧址建筑基本保存完好，2006年被国务院公布为第六批"国保"。

走近中共前七次全国代表大会会址

自1921年中国共产党成立以来，先后召开过十七次全国代表大会，其中1949年以前召开过七次。由于面临不同的革命形势，前七次会议地点都有所不同，"一大"、"二大"、"四大"在上海，"三大"在广州，"五大"在武汉，"六大"在莫斯科，"七大"在延安。这些会址历经风雨，如今命运各有不同，有的保存完好，有的仅存遗迹。

"一大"会址原为"李公馆"

20世纪20年代，著名的上海新天地还属于法租界，租界里各式各样的石库门里弄建筑在霓虹灯的闪烁下，向人们展示着上海滩中西合璧的国际"范儿"。当时法租界望志路106号和108号（今兴业路76、78号）是上海共产主义小组发起人李汉俊与其兄同盟会发起人李书城的住宅，人称"李公馆"。这是两栋两层砖木结构的典型上海石库门建筑，外墙青红砖相交砌，其间镶嵌白色粉线，门楣有矾红色雕花，门框围以米黄色石条，黑漆大门内是一进天井，天井两侧房屋相通，形成欧式联排式的布局，天井后面还有客厅、灶间和后门。这种建筑形式简洁，讲求实用性、安全性和隐秘性，通过后门还可以迅速转移，正符合当时共产党组织秘密聚会的要求。

1921年7月23日，毛泽东、何叔衡、董必武、陈潭秋、王尽美、邓恩明、李达、李汉俊、张国焘、刘仁静、陈公博、周佛海、包惠僧（替陈独秀参加）等13人，代表了来自全国7个共产主义小组的53名共产党员，在"李公馆"秘密召开了中国共产党第一次全国代表大会。当大会开到7月30日时，因受到法租界巡捕的搜查，会议代表迅速撤离。李达的夫人王会悟建议转移到嘉兴南湖继续举行。在她的安排下，8月初，代表们乘火车到嘉兴，在南湖的一条画舫继续开会。会议最终审议并通过了中国共产党第一个纲领和第一个决议，选举陈独秀、张国焘、李达三人组成党的全国领导机构——中央局。"一大"的召开，庄严宣告中国共产党成立，中国历史从此开启新的篇章。

1922年，李汉俊搬家，会址为其他居民租用，后改建为恒昌福面坊、商店和酱园等。新中国成立后，为了纪念中共"一大"的召开，

上海"一大"会议旧址

上海查实确定"一大"会址并进行了修缮。同时，会议代表居住的宿舍——蒲柏路389号（今太仓路127号）博文女校也得以确认。这里距"李公馆"约200余米，会议代表就是从此步行到"李公馆"开会。女校为两层砖木结构建筑，坐南朝北，内外两进，左右朝北的房间设有阳台。1921年7月22日下午，这里召开了中共"一大"预备会议，推选大会主席与会议记录，通过了大会议程和会议地点，讨论、酝酿有关文件。

1961年，"一大"会议旧址被国务院公布为第一批"国保"。

上海"一大"会议代表宿舍旧址

"二、三、四、五大"会址现为省保

1922年7月16日,中共"二大"在上海召开。鉴于第一次全国代表大会遭到法国巡捕破坏的教训,"二大"采取了更为严格的保密措施。大会决定以小型的分组会为主,尽量减少全体会议的次数,每次会议都要更换地点。时任党中央三个领导人之一、中央局宣传主任李达的寓所成为主要的会议地点。李达寓所位于南成都路辅德里625号(今老成都北路辅德里7弄30号),这里也是中国共产党第一个地下秘密出版社——人民出版社(曾出版《共产党宣言》)的所在地。与李公馆一样,李达寓所也是石库门建筑,格局相似:二层砖混结构,清水灰砖墙面,墙上开有矩形门洞、石质门框,门套用红砖砌成牌坊式,两旁壁柱头有仿科林斯柱式的砖雕,上部为铺小青瓦的二坡屋顶。会后,李达寓所一直保存至今,1984年5月,被公布为上海市文物保护单位。

1923年,中共中央委托中共广东区委寻找较为僻静的,能够召开第三次全国代表大会的会议地点。经过一番实地考察,广东区委决定租用东山恤孤院31号(今越秀区恤孤院路3号)作为会址和部分会议代表

上海"二大"会议旧址

的宿舍。这是一幢两层砖木结构的房子,坐西北朝东南,平面呈正方形,长、宽各约20米,高约6米,每层各有两间房子,室内没有家具、电灯、自来水、浴室和厕所,条件异常简陋。广东区委租来桌子、板凳等家具,把底层靠南面的一间布置成会议室,靠北面的一间作为饭厅,楼上两间房子作为代表宿舍,没有床就用长木条支两块木板代替。6月12~20日,来自全国各地及莫斯科的代表近40人就在这处简陋的房子里召开中共"三大",他们代表了全国420名党员。会议的中心议题是讨论与国民党合作、建立革命统一战线的问题。党的"三大"之后,在中国共产党的推动下,孙中山先生对国民党进行了改组,确定了联俄、联共、扶助农工的三大政策,召开了国共合作的国民党第一次全国代表

武汉"五大"会议旧址大门

大会，第一次国共合作正式建立，全国掀起了声势浩大、轰轰烈烈的反帝反封建的革命群众运动，胜利地举行了北伐战争，促进了中国革命的高涨。遗憾的是，"三大"会址在1938年抗日战争时期被日机炸毁，后来原址上建了仓库，做过厂房和店铺，1979年原址被公布为广东"省保"单位，2004年，进行了考古发掘，部分墙基尚存。

1925年1月11～22日，中国共产党第四次全国代表大会在上海召开。与"三大"会址一样，"四大"会址在日本侵华战争中也没能幸免于难，它毁于1932年"一·二八"的炮火。据当年任中共中央宣传部秘书的郑超麟回忆，"中共四大会址是新租来的一幢三层石库门房子，地点在上海去吴淞的铁路旁边，当时是'中国地界'，但距越界筑路的北四川路不远，通过川公路可以到北四川路"。经过查证，认定当年的会址位于今东宝兴路254弄28支弄8号处，如今原址已建成居民小区，遗迹荡然无存。作为"四大"会址纪念地，现原址处立碑纪念，1987年被公布为上海市保单位。

1927年4月27日，中国共产党第五次全国代表大会在武汉召开。会址位于武昌长江边（今武昌都府堤20号的中华路小学谭秋校区），紧邻蛇山，风景优美。1956年，"五大"会议旧址被公布为湖北省文物保护单位。

"六大"会址曾是俄罗斯地主庄园

在中国共产党建党90年历史中，"六大"是唯一一次在国外召开的全国代表大会。

1927年大革命失败后，中国共产党开始走上独立领导中国革命的道路。在关于中国社会性质以及革命性质、对象、动力、前途等关系革命成败的重大问题上，迫切需要召开一次党的全国代表大会认真加以解决。由于国内当时正处在极为严重的白色恐怖中，很难找到一个安全的开会地点，中共中央决定将"六大"放在莫斯科召开。

会址位于莫斯科近郊兹维尼果罗德镇的一座乡间别墅，这是一幢三层楼房，建于1827年，曾是俄罗斯沙皇时代大贵族穆辛·普希金的地主庄园。别墅背依小山，山上长满树木，山后溪水清澈，再加上满园花草，池塘小桥，一片美景尽收眼底。别墅的白墙和白窗在阳光的照射下耀眼夺目，人们给它起了个好听的名字——"银色别墅"。"银色别墅"装饰华丽，一层是厨房和用餐的地方，二层会客厅宽敞明亮，能容纳七八十人，便成为"六大"的会议场所，二层和三层的客房是参加会议的瞿秋白、周恩来等中共领导人和大会代表的宿舍。

1928年6月18日～7月11日，来自各地的代表142人，代表当时全国党员4万多人与共产国际负责人布哈林和国际东方部负责人米夫，还有少共国际、赤色职工国际的代表以及意大利、苏联等国共产党的代表齐聚这里。"六大"结束以后，"银色别墅"作为苏联国有农场员工的住宅经过几次翻修，基本保持了原有的结构和格局。近两年遭遇火灾后，当地政府进行了全面的维修，目前作为二战苏联卫国战争展览厅使用。

延安中央大礼堂专门为"七大"建设

中共中央选择"七大"会址可谓一波三折，最早考虑放在安塞县，经主管这一工程的任弼时和李富春实地考察后，认为安塞离延安远，交通不便；随后改为枣园后沟，后来发现地方太小，容不下众多的会议代表；最终选址在杨家岭。杨家岭原来有一座砖木结构的礼堂，可容三四百人，1941年冬天不慎被焚毁。随后李富春请来建筑专家杨作材重新设计，历经一年多的紧张施工，中央大礼堂于1942年建成。

建成后的中央大礼堂位于宝塔区桥沟镇杨家岭村小河南侧，占地约1000平方米，平面呈"凸"形，坐东面西，长35米，宽30米，高13米。建筑采用石头、砖、木材修建，风格融汇中西，礼堂的外表装饰吸收了西方一些建筑形式特点，如东厅门外的一根石柱被精心雕琢成希腊多列斯柱式，被人们赞为"少女的手臂"。礼堂大厅采用四个大石拱为主梁，仿窑洞式半圆石拱框架结构组成，避免遮挡视线。东西两侧建有会议室、休息室、阅览室等，地面方砖铺设，墙壁为草泥座底，白灰罩面；主席台高1.4

「七大」会议旧址

米,铺有木质地板,台上两侧有木质楼梯通往二层,东侧通往休息室,西侧通往露天平台。门窗为蓝色油漆,整个礼堂结构简洁,宽敞明亮。

1945年4月23日～6月11日,在抗日战争即将取得胜利的前夜,中国共产党第七次全国代表大会在这里召开。出席"七大"的代表共755名,代表全党121万党员。会议召开期间,中央大礼堂的主席台上,悬挂着毛泽东和朱德的巨幅画像,鲜艳的党旗挂在两边。会场后面的墙上,挂着"同心同德"四个大字。两侧墙上张贴着"坚持真理"、"修正错误"等标语,靠墙边插着24面红旗,象征着中国共产党24年奋斗的历程。插红旗的"V"字形木座是革命胜利的标志。在主席台的正上方,悬挂着一条引人注目的横幅:"在毛泽东的旗帜下胜利前进!"会议总结中国新民主主义革命20多年曲折发展的历史经验,制定了正确的路线、纲领和策略,克服了党内的错误思想,使全党特别是党的高级干部对于中国民主革命的发展规律有了比较明确的认识,从而使全党在马克思列宁主义、毛泽东思想的基础上达到了空前的团结。

中央大礼堂是延安时期建筑艺术的杰作。1947年,胡宗南进犯延安时遭到破坏,后进行了修缮。1961年,被国务院公布为第一批"国保"。

遗址篇

古都古城

燕下都遗址——风萧萧兮易水寒

周武王灭商后，封召公于燕，都城在"蓟"，位于今北京一带。到了战国时代，燕国逐渐强盛，为了扩张和抵御南方诸强，燕昭王在今河北易县建立了一座军事重镇。它介于北易水和中易水之间，西依太行山，地势险要，易守难攻。因在"蓟"的南边，故称为"燕下都"（1961年第一批"国保"）。

燕下都呈长方形，东西长约8千米，南北宽约4~6千米，总面积约40平方千米。沿中部纵贯南北的古河道，河东岸一道城墙把燕下都分成东西两城。西城是防御性附城。东城平面近似方城，是燕下都的中心，分为宫殿区、手工业作坊区、居住区和墓葬区。宫殿区在城的东北部，有三组建筑群组成。大型主体建筑"武阳台"、"望景台"、"张公台"和"老姆台"由南向北坐落在一条中轴线上，以高大的夯土台作为建筑物的基址，这是战国中期城市建筑最明显的一个特点。武阳台坐落在宫殿区中心，东西最长处140米，南北最宽处110米，规模最为宏大。建筑构件和陈设处处昭示着皇家气派，双龙纹饰的半瓦当制作精美；青铜立凤蟠龙纹铺首、铜人像、铜龙均极为罕见；齐侯四器和匈奴人的金银器等也显示出文化的交流。整个建筑群排水系统完善，地下铺有大型的陶水管道。手工业区围绕着

燕下都武阳台遗址

宫殿区，有冶铁、铸钱、制玉、烧陶、制骨作坊等，生产水平很高。这里的冶铁作坊已经能够采用淬火技术生产高碳钢，比《汉书》记载的"清火淬其锋"的时代提早了两个世纪，制造的武器更加锋利、耐用。也许"徐夫人匕首"就是采用这种高超的冶炼技术，太子丹和荆轲才大胆用它浸上剧毒，采用"图穷匕见"的方法去刺杀秦王，他们相信哪怕只被它轻轻碰到，也足以伤及皮肉并毒发致命。

战国末年，逃回燕下都的太子丹等不及了，他在秦国作人质多年，知道嬴政的为人和军队的厉害，如不采用非常手段，秦军很快就会打到燕。到那时，自己不仅即不了王位，死后可能连东城西北部的王室墓区也进不去。

"风萧萧兮易水寒"，燕赵之地注定多悲情之士，荆轲行刺失败后。秦王盛怒之下命令王翦率大军伐燕，大肆杀人泄愤。燕下都城南2.5千米处，并排着14个直径达几十米的圆形土坑，每个坑里面都埋葬着2000多个20～30岁的男性青壮年人头，身体不知所终，人头上下叠压成10米高的土墩，惨不忍睹！这数以万计的冤魂也许正是这次刺杀事件的受害者吧！

里耶古城一夜成名

"四八三十二、五八四十、六八四十八……"这些人们从小就耳熟能详的《九九乘法歌诀》简牍竟然从2200多年前的一口古井中现身，这是人们迄今见到的最早的九九歌诀实物，它的出土地——里耶古城也随之一夜成名。

印象中湘西地区群山环绕，交通极为不便，似乎像是民风彪悍，土匪出没的僻壤；然而喜欢湘西历史、喜欢沈从文小说的人绝不会同意。在沈老的《白河流域几个码头》中这样描写里耶古城的喧嚣和繁忙："白河上游商业较大的水码头名'里耶'。川盐入湘，在这个地方上税。边地若干处桐油，都在这个码头集中。站在里耶河边高处，可望川湘鄂三省接壤的八面山。……"

翻开史书，里耶自古就是承接鄂渝的战略通道，史称"湘鄂川之孔道"。春秋战国时期，这里是巴楚交界地区，出于军事目的，楚国开始在这里建造军事城堡。秦国强盛以后，分兵两路进攻楚国，其中的一条就是从白河（现名"酉水"）东进，在这里与楚军发生了激烈的争夺。秦国占领里耶后，继续修建古城，并将这里作为洞庭郡下辖的迁陵县县城所在地。当年的古城平面呈长方形，占地2万多平方米。夯土城墙南北长约200米，东西宽约100米。南、西、北三面建有护城河，南门有道路直通城外。城内建有官署、作坊和民居，并配有完善的道路、排水设施和多处水井等，形成了一个完整的城市系统。秦朝末年，里耶古城在兵燹中损毁。西汉时期，政府又对里耶古城进行了修复，沿用原有格局，在城墙上开通了西南门道，在城墙与护城河之间新拓了环城道路，并在局部地段砌上高1米左右的鹅卵石护坡防范洪水的冲刷。重修的古城也成为汉代武陵郡下辖的一个县治所在地，一直沿用到东汉时期……到了明清时期，里耶更是店铺林立、商贾云集的码头，素有"小南京"的美誉。

更多的美誉来自新世纪，随着2002年湖南省考古研究所在里耶古城"一号井"中的惊天发现。那些深藏地下、湮没千年，数量足有3万6千多枚、数十万字的秦代县衙档案重现天日，远远超过目前国内所出秦简的总和。作为秦王政二十五年

里耶古城遗址城墙清理现场

（前222年）至秦二世二年（前208年）十余年间的官署档案，它们内容极为丰富，涉及政治、军事、民族、经济、法律、文化、职官、行政设置、邮传、地理等诸多领域。在解读这些简牍的过程中，不断有令人震惊的发现，也确立了多重"最"，比如我们开篇提到的乘法歌诀即是一个，此外还有我国最早的书信实物"迁陵以邮行洞庭"，专家认为这枚简牍很可能起到了信封的作用，不知这封2200年前的书信背后又隐藏着怎样扑

发现秦简的一号井

朔迷离的故事呢？

与规模宏大的秦始皇兵马俑不同，里耶古城出土的秦简更像是一部陈年的留声机，将当年的政治、经济、法律和社会制度娓娓道来，无疑对秦史研究具有更加不可估量的意义。2002年11月22日，作为新中国的重大考古发现，国务院特批里耶古城遗址增补为第五批"国保"。

长乐宫新印象

2200多年前，汉高祖刘邦定都长安（今陕西省西安市西北部），中国历史上进入了延续200余年的西汉帝国时期。随着西汉帝国的不断繁荣和昌盛，长安城也在不断修建和扩大，与古罗马城并称为古代东西方最具代表性的都会。而汉长安城的面积更是同时期罗马城的4倍，达36平方千米。

汉长安城遗址保存非常完整，1961年被公布为第一批"国保"。近年来，考古工作者对汉长安城中最大的宫殿——长乐宫的发掘一直没有间断，使我们平添了许多新的、有趣的认识。

长乐宫原为秦代的离宫——兴乐宫，刘邦将这里扩为布政之宫，并更名为"长乐宫"。惠帝时，长乐宫西侧的未央宫变成理政场所，而长乐宫被改作太后的居所。因为长乐宫与未央宫分居东西，因此又被称"东宫"和"西宫"。需要说明的是，汉代的"东宫"与我们一般所指的太子居住的"东宫"并不一样。

据文献记载，长乐宫"周回二十里"，四面各设一门，东、西门外有东阙和西阙。宫中主要建筑物有前殿、临华殿、长信宫、长秋殿、永寿殿、神仙殿、永昌殿等14座宫殿。

经过多年的考古勘探和发掘，长乐宫的布局、范围日渐清晰，并且与文献中的记载相互印证。整个宫城占地面积约6平方千米，约占全城总面积的六分之一，四周建有围墙。2003年发掘的四号宫殿遗址有2000平方米，房子为半地穴式，鹅卵石铺地后砂浆抹平地面，墙壁涂有白灰，并饰有夺目的彩绘壁画，通道和台阶铺有精美的印花砖，显示出太后们的审美取向。遗址多处有火烧的痕迹，这与文献中汉成帝永始四年（前13年），长乐宫临华殿遭遇火灾的记载相符，说明这里就是临华殿的遗址。2004年发掘的五号宫殿遗址形制独特，遗址围墙特别厚。专家们推测这里可能是用来储藏冰的"凌室"，厚厚的墙壁有利于保持室温，所藏之冰用来储藏食物、防腐保鲜和降温纳凉。虽然方法原始，但足以满足宫廷生活的种种需要，在功能上与我们今天的冰箱和空调又有什么不同！

长乐宫四号遗址发掘现场

长乐宫四号遗址台阶上铺着精美的汉砖

　　2005年，考古工作者又发掘了长乐宫内规模最大的六号宫殿遗址，它的中心是一座大型夯土台基，东西长约160米，南北残宽50余米，建筑布局有序、结构精巧，出土了大量的建筑构件。据考证，这处规模宏伟的建筑很可能就是长乐宫前殿遗址。除了房屋、水井、院落外，紧贴夯土台基的一条长34.29米、最宽处1.9米的半地下通道引发了诸多猜想。有专家认为，这条地下通道就是皇宫中的秘道，是皇族们预防不测的安全通道。果真如此吗？抑或有其他用途？在抽丝剥茧般的研究者面前，谜底很快就会揭晓。

交河故城——水中的军事堡垒

从空中俯瞰,吐鲁番西有一块两端窄,中间宽的水中台地,如同一艘巨型的战舰停泊在那里已有两千多年。这块台地上就坐落着闻名中外的交河故城。

交河故城沙盘模型

交河故城官署遗址

交河故城长约1650米,中间最宽处约300米。因河水分流绕城下,故称"交河",维吾尔语称"雅尔果勒阔拉"。由于河水冲刷,台地周缘形成了高达几十米的断崖,地势险峻,易守难攻,自古就是兵家必争之地。这里最早是西域36国之一的"车师前国"的都城,公元前2～5世纪由车师人开创和建造。南北朝至唐,城市规模达到鼎盛。公元840年,回鹘一支自漠北高原西徙新疆,建立回鹘高昌王国,王都设在高昌,交河是王国属下的军事重镇之一。元末察合台时期,吐鲁番一带连年战火,交河毁损严重,逐渐荒废。明代交河已是一片废墟,陈诚有诗云:"沙河二水自交流,天设危城水上头,断壁悬崖多险要,荒台废址几春秋。"

尽管历经风雨,交河故城仍保存相当完好,城市布局完整,建筑规模宏大。一条贯穿南北的中心大道把交河故城分为东、西两部分,大道北端是一座规模宏大的寺院,由大门、钟楼、鼓楼、大殿、僧房组成,大殿中央塔柱须弥座高1.1米，座上开龛，龛内供泥塑佛像。以大佛寺为中心构成了北部的寺院区，再向北还有一片壮观的塔林。塔林中心是一金刚宝座大佛塔，四角各有25个方形小佛塔，总计101个。大道西区除大部分为民居外，还分布有许多手工作坊，有纺织、酿酒、制鞋等。大道东区南部为大型民居区，建筑面积约为78000平方米；北部为小型民居区；中部为官署区，一座宏伟的两层宅院，中间设天井，有宽大的阶梯通道可以上下，宅院道路与南北大道相通，显示出这里的重要性。据考证，这里很可能是安西都护府的治所，后为天山县的官署衙门。

整座城布防严密，东、西、南侧三座城门居高临下，颇有"一夫当关，万夫莫开"之势。东城门还设有瓮城，城门内储存大量石块用以御敌。城中大道与街巷纵横交错，临街都是高厚的街墙，不设门窗，人行墙外，无法窥知墙内情况。

作为世界上最大最古老、保存最完好的生土建筑城市，交河故城于1961年被国务院公布为第一批"国保"，目前正在申报世界遗产。

碣石到底在哪里

建安十二年（207年），一代枭雄曹操在北征乌桓回师的途中，曾路过辽西，留下了千古名句："东临碣石，以观沧海。水何澹澹，山岛竦峙。"在魏武前后，至少还有三位伟大的君主光顾碣石，那就是为毛泽东称道的"秦皇汉武"和"唐宗"。秦皇汉武来到此地，一则考察帝国的东部边疆，宣威东土；一则受方士的忽悠，寻找长生不老之药。《史记·秦始皇本纪》记载："三十二年（前215年），始皇之碣石，使燕人卢生求羡门高誓，刻碣石门。"传说秦始皇在这里还看上了千里寻夫的孟姜女，而孟姜女在送走丈夫后投海自尽，成为海中痴情的礁石（民间称为"姜女石"或"姜女坟"）。一百年后，汉武帝也来到这里。《汉书》记载汉武帝元封元年（前110年）"行自泰山，复东巡海上，至碣石。自辽西历北边九原，归于甘泉"。而唐太宗李世民是在贞观十九年（645年）讨伐高丽后，班师回朝，经辽西碣石，并登临汉武帝建造的"望海台"。

碣石到底在哪里呢？近两千年来一直争论不休。

1982年在辽宁绥中万家镇姜女石的海边高地上发现了面积达25平方千米的秦汉建筑群遗址，根据联合考古队的调查发掘，搞清了石碑地、黑山头、止锚湾、瓦子地、周家南山和大金丝屯等6处秦汉遗址。其中石碑地建筑群规模最大，时代较早，另几处遗址也都不晚于西汉前期。遗址中发现了大型夯土基址及窖穴、井、排水管道系统。出土的建筑材料以卷云纹圆瓦当和半瓦当、绳纹板瓦为主，还有秦代树叶纹、变形夔纹瓦当，菱形纹砖和西汉前期"千秋万岁"瓦当。根据这些发掘成果，可以确定这里就是秦皇汉武东巡的行宫之一。1988年，姜女石遗址被国务院公布为第三批"国保"。如果把姜女石看作秦汉时的碣石，石碑地建筑群看作碣石宫，止锚湾作为左翼阙楼，黑山头作为右翼阙楼，辅以瓦子地、周家、金丝屯等众多的附属建筑，那么这将是多么完整壮观的一处建筑群体，呈合抱之势，前临一望无际的渤海，后靠巍峨连绵的燕山，山上有逶迤起伏的长城，高台临海，雄伟壮观。似乎很符合历史上有关"碣石"的记载，怪

姜女石遗址（近处为石碑地建筑遗址，远处海中的礁石即为姜女石，一大二小似乎是妈妈带着两个年幼的孩子）

不得很多人认为千古悬案要大白天下了。

然而峰回路转，1986年5～6月间，河北考古工作者在北戴河海滨金山嘴也发掘出一座比较完整的大型秦代皇家建筑遗址，建筑的规模和等级同样也可以确认为秦皇汉武东临碣石的行宫之一，而附近的海面也耸立着一些奇特的礁石或海蚀岩。

那么，哪一个才是史书中记载的碣石呢？有学者又提出了新的观点，在河北昌黎县城北的碣石山当为"古碣石"。不仅碣石山的名称自古就有，在昌黎县城一带，也曾发现有"千秋万代"瓦当和大型板瓦等汉代皇家建筑遗迹，虽然尚未发现秦代行宫建筑遗址，但这并不能否定历史上没有建筑过秦始皇的行宫。看来要想解开碣石之谜还要更多的证据才行。

2010年，曹操墓在河南安阳被发现。兴奋之余又不免遗憾，"往事越千年，魏武挥鞭，东临碣石有遗篇"。如果曹操墓没有严重被盗，会不会留下关于碣石的蛛丝马迹呢？

统万城遗址为沙海所掩埋

陕西北部与内蒙古鄂尔多斯地区分布着广袤的毛乌素沙漠，在沙漠边缘的陕北靖边掩埋着一座白色的古城遗址，1996年被国务院公布为第四批"国保"。这座被当地人称为"白城子"的城址背后又埋藏着怎样动人心弦的历史事件呢？

那是1600年前，当时北方各少数民族纷纷进入中原，政权交替频繁，史称"五胡十六国"。公元4世纪后期，匈奴族铁弗部有一个叫做刘勃勃的贵族子弟，早年投奔后秦君主姚兴。因为身形壮硕，长相英俊，聪慧善辩而得到姚兴赏识，逐渐掌握军权，先后镇守高平和朔方。作为匈奴人后裔，刘勃勃很快显示出政治野心。他先是杀害了后秦的大臣、自己的岳父没奕于，霸占他的封地，又在公元407年自封"天王、大单于"，建立大夏国。建国后，他并不急于定都，而是以游击战术与后秦等国家周旋，逐渐夺取了大片的土地。到公元413年，刘勃勃认为自己已经"统一天下，君临万邦"，开始考虑建设都城。史书记载他"乃远惟周文，启经

雄伟壮观的统万城遗址

始之基；近详山川，究形胜之地，遂营起都城，开建京邑。背名山而面洪流，左河津而右重塞"。经过一番考察，他决定在朔方水北、黑水之南（今陕西榆林靖边）营建都城"统万城"。刘勃勃派叱干阿利为将作大匠，发岭北夷夏十万人蒸土筑城。叱干阿利非常能干，但极其残暴，城墙每锥入一寸，即杀作者而并筑之。就这样，十万工匠以血肉之躯，耗时六年终于建造起一座坚固的城池。

统万城雄伟壮观，城墙高10余米，四周建有防御的马面、瓮城，设有朝宋门、招魏门、服凉门、平朔门等城门，四角还筑有高达30余米的角楼。由于选料精细，夯土颜色很白，在天苍苍、野茫茫的背景映衬下分外耀眼，堪称"高隅隐日，崇墉际云，石郭天池，周绵千里"。整座城分内城和外城，内城又分东西两部分，中间以城墙分隔。城内建筑鳞次栉比，"崇台霄峙，秀阙云亭。千榭连隅，万阁接屏。晃若晨曦，昭若列星"。宫殿之前摆设有铜铸大鼓，黄金装饰的飞廉、翁仲、铜驼、龙兽等，雍容华贵，尽显皇家风范。

刘勃勃对统万城非常满意，即使在攻下长安以后也不愿迁都，而是将长安定为"南台"，命太子镇守，自己则坐镇统万城。他喜欢待在城台上俯视臣民，看见不满意的人，弯弓搭箭随手射杀。不知当年的统万城下冤死过多少无辜的百姓！在残暴的统治下，尽管改姓"赫连"以表明自己君权天授，但他和他的大夏王朝并没有得到上天的眷顾。公元425年，赫连勃勃病死，死后两年，北魏便攻下了统万城，很快大夏就灭亡了。

在统万城被历史湮没之前，它并没有遭到废弃，直到宋太宗下令拆毁统万城，这片白色的城址才逐渐被沙漠所覆盖。近些年来，随着国家对环

境保护的日益重视，这一带的生态景观有了明显的改观，考古工作也逐渐开展。根据目前对统万城的认识，内城较为完整，城外有护城壕沟，墙体残高2～10米，墙基宽10～16米，南墙马面及西南角楼、西门瓮城和城内的部分夯土台基尚存。假以时日，这座昔日的草原名城必将得到完整的复原，大家都在拭目以待！

统万城西南角楼

高昌故城位于火焰山下

唐僧途经火焰山时住在哪里，吴承恩在《西游记》中并没有细说。我们不妨一起去看一看。

相比较吐鲁番其他地方，火焰山南面的一片开阔地地势较高，又是丝绸之路交通要道，因此很早便有人居住。公元前1世纪，这里已经有了城市，称为"高昌壁"。"高昌"之名取"地势高敞，人庶昌盛"之意。公元439年，北魏灭北凉，北凉残部进入高昌并大兴木土，使高昌城颇具规模。此后，高昌统治者不断易主，城市也不断扩建，其中麴氏统治高昌的时间最长。这期间，高昌国不但经济发达，佛教也空前繁盛，自国王到普通老百姓都虔心事佛，全城3万人口中就有1/10是佛教僧侣。

公元628年，玄奘从长安城一路西行来到哈密，当时的高昌王麴文泰已经听说大唐法师即将驾临，他非常高兴，沿途遣使迎候。尽管是夜间到达，玄奘还是颇为震惊，他没想到，偏远一隅之地竟有如此规模的城市。

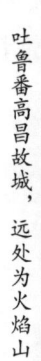
吐鲁番高昌故城，远处为火焰山

高昌城分外城、内城、宫城三重。外城大体呈正方形，墙厚12米，高11.5米，周长5.4千米，为夯土版筑。每面城墙有两座城门，有玄德门、金福门、金章门、建阳门、武城门等称呼。外城城郭高耸，有曲折的瓮城和凸出的马面，外侧护城河环绕，防御设施完备。内城居于外城正中，周长约3千米。宫城为长方形，居于内城北部。城市中街巷纵横，房屋鳞次栉比，有官署、民居、作坊、市场、庙宇等。

葡萄藤下香火缭绕，麴文泰和侍从热情地将玄奘迎入宫城后院，坐在重阁宝帐中，表达了崇敬虔诚之意。盛情之下，玄奘在这里停留了一个多月，在各个寺院讲《仁王般若经》。其中最有名的是西南大寺，由山门、

高昌故城西南大佛寺，玄奘曾在这里讲经

讲经堂、大殿、藏经楼、僧房等组成，规模宏大，占地约1万平方米，壁画精美。

麴文泰希望能终生供养玄奘，多次恳请他不要去西天取经，玄奘则坚决不同意。麴氏大怒，坚持不放他走，玄奘便以绝食表达自己的决心。最终，他感动了麴氏，两人结拜为兄弟，相约取经回来后再住高昌三年。然而，麴文泰并没有等回"兄弟"便在唐朝大军的征讨下去世了。公元640年，唐朝占领高昌，在这里置高昌县，进一步大兴土木，高昌城也达到了它的鼎盛，一度成为西域最高统治中心安西都护府所在地。此后，历经辽、金、元、明，在15世纪左右焚毁。1961年，高昌故城被公布为第一批"国保"单位。

上京会宁府——大金第一都

在女真人崛起之前，辽阔富饶的东北大地不知抚育过多少优秀的儿女。公元1115年，女真人最伟大的首领完颜阿骨打称帝，创立金国。作为游牧民族，他们最初并不会营造华丽的宫室，只是在按出虎水畔（今黑龙江省阿城市南郊2千米，张广才岭西麓大青山脚下，阿什河左岸）依山傍水设立了皇帝毡帐。后来，随着与宋代交流的不断深入，女真人逐渐学会了汉地的生产、生活方式，开始定居务农，而筑造宫殿和都城也成为当务之急。当时北宋的都城汴京闻名于世，自然是金国模仿的对象。金天会二年（1124年），太宗命令汉匠卢彦伦主持建造皇城，初名为会宁州，后升为会宁府。熙宗即位后的第四年八月，即天眷元年（1138年），正式将会宁府命名为上京城，据《金史·地理志》记载这一名称来源于"上京路"，海古之地，金之旧土。几年后，金熙宗再次下令扩建上京城，初步形成了仿照汴京城规模的南北二城。经过前后四代帝王38年的不懈努力，上京城蔚为壮观，成为雄霸白山黑水间的政治、军事、经济和文化中心。

昔日辉煌的上京会宁府早已淹没在荒草之中

从空中俯瞰，上京城布局与汴京城基本相同。全城由南北毗连的二城和皇城组成，周长约11千米，占地面积达610万平方米。南北二城均为长方形，平面上一纵一横相互衔接连为一体。城墙夯筑，墙基宽7～10米，墙体高数米，墙外设马面、城墙拐角建有角楼和炮台等防御设施。全城共设城门9处，其中7处带有瓮城。城外及二城间的腰垣南侧还挖有护城壕。皇城位于南城偏西北处，是全城的中心，周长近2.5千米。皇城内的建筑高大宏伟，布局规整、严谨。南门为正门，三条门道通畅阔达，两侧各建有高约7米的阙台，相互峙守。笔直的中轴线贯穿南北，五重宫殿整齐地排列在中轴线上，东西两侧还建有回廊，建筑采中原之长，又吸纳女真人的审美，木构脊饰精巧，石雕、木雕工艺讲究，风格独特。

上京城在众金人心目中的地位之高、意义之重不言而喻。作为金国的肇兴之地，又有太祖太宗及众多的先烈葬于城周，谁会想到这座精心营造的大金第一都很快就被抛弃了呢？贞元元年（1153年），海陵王完颜亮夺权后毅然迁都南下千里之外的燕京，也许是为了断绝族人的思乡之情，海陵王于正隆二年（1157年）削上京之号，将昔日辉煌的宫殿楼阁、佛寺道观付之一炬。上京城从此衰落，其间虽有金世宗的复建，但金末元军攻城时再遭焚毁，仅剩下一片残垣焦土，从此淹没于荒草之中……

1982年2月23日，金上京会宁府遗址被国务院公布为第二批"国保"。

古代瓷窑

哥窑之谜

哥窑虽贵为宋代五大名窑之一，但奇怪的是宋人没有留下任何记载，而元明清的记述又甚为混乱，因此直到今天，哥窑依旧是个不解之谜。有人说哥窑在浙江龙泉，也有人说在浙江杭州，更有人相信它就是子虚乌有，而关于传世哥窑瓷器的争论也从未停止过……

2011年，北京故宫一件传世哥窑瓷盘不慎损坏，一石激起千层浪，有关哥窑瓷器的身世之谜也在沉寂了一段时间之后再次引起人们的关注……

传世哥窑瓷器的认定难题

明初吕震撰《宣德鼎彝谱》记述：宣德三年（1428年），作为制造铜器的参考样式，从"内府收藏柴、汝、官、哥、钧、定名窑器皿，款式典雅者，写图进呈，……其柴、汝、官、哥、均、定中，并选得二十有九种"。这是皇家收藏哥窑瓷器的最早记载，时代为明初。就器形而言，《宣德鼎彝谱》记载有宋哥窑狮首马蹄炉、宋哥窑低脚押经炉、哥窑的象耳大彝炉、哥窑豸首大彝炉等，明郎瑛《七修类稿修编》记载有哥窑之盘，明高濂《遵生八笺》记载有哥窑带耳炉、带棱瓶。

由于哥窑窑址一直没有找到，过去人们对于哥窑瓷器的认知主要来源于文献记载。如明陆深（1477~1544年）《春风堂随笔》记载："哥窑浅白断文，号'百圾碎'。"明田艺衡《留青日札》卷六"哥窑条"："有火碎纹，铁足，胎土极坚细如铁者。"明王士性《广志绎》

记载："紫口铁脚。"《遵生八笺》卷十四《燕闲清赏笺》记载："色取粉青为上，淡白次之，油灰色，色之下也；纹取冰裂鳝血为上，梅花片墨纹次之，细碎纹，纹之下也。"……类似的记载还有很多。此外，乾隆皇帝御题的诗文也为认定哥窑瓷器提供了参考。丙申年春（1776年），乾隆为一件哥窑葵瓣口盘题诗："处州精制擅章生，盘子曾供泛索盛，新法不看百圾破，那知得号有难兄。"辛丑年（1781年），他又在另一件哥窑葵瓣口碗上留下了"哥窑百圾破，铁足独称珍。恰似标坯相，而能完谧神。……"的题诗。

参照这些记载和实物，故宫博物院的整理者自20世纪30年代始，在旧藏中认定了一批传世哥窑器物。新中国成立后，全国各地还出土了一批哥窑风格的器物，如北京元大都遗址、安徽安庆、繁昌、江苏溧水窖藏和南京汪兴祖墓、吴经墓等。这些瓷器有一些共同的特点：胎色呈黑、灰色或土黄色，有的呈"紫口铁足"的特点。通常釉层很厚，釉内含有气泡，如珠隐现，犹如"聚沫攒珠"般的美韵。釉色为粉青、青黄、月白、油灰等。釉面开片，大小不一，纹路颜色深浅不一，器形不同收缩部位也就不一，即所谓"百圾碎"，变化万千而又自然贴切。最有特色的是较粗的裂纹呈现黑色，较细的裂纹出现黄色，前后层次错落，习称"金丝铁线"。

目前，北京故宫博物院认定的宋哥窑瓷器约有60件，其中以各式瓶、炉、洗、碗、盘为最多，瓶的种类有八方贯耳瓶、贯耳瓶、胆瓶、弦纹瓶等；炉有双耳炉、双耳三足炉、筒式炉等；洗有葵花洗、圆洗、菱花洗等；碗有葵瓣口碗、八方形、花口碗等；盘有葵瓣口盘、菊花盘等，此外还有小罐等。台北故宫博物院还有花插、渣斗、单把杯、壶等器形。不过，由于前人记载的混乱以及哥窑窑址的迷踪，这些传世哥窑瓷器的认定并不十分准确，其中很可能包含有南宋官窑、龙泉窑、元代杭州地区的其他窑口，明清时期仿哥窑器物等。

为了彻底解决传世哥窑瓷器的认定难题，过去的几十年间，考古工作者和陶瓷研究者花费了大量的心血，希望能够找到哥窑窑址。但是，它到底在哪里呢？

哥窑在龙泉，和龙泉窑是兄弟？

按照文献的记载，一说哥窑在龙泉，与龙泉窑关系密切。

据《春风堂随笔》记载："宋时有章生一生二兄弟，皆处州人，主处州之龙泉窑，生二所陶青器，纯粹如美玉，为世所贵，即官窑之类；生一所陶者色淡，故名哥窑。"按照陆深的说法，哥窑和龙泉窑是哥俩所烧。此后明清刊刻的文献，如《浙江通志》、《七修类稿续稿》、《留青日札》、《事物绀珠》、《天工开物》、《景德镇陶录》、《稗史类编》等都有类似的记载。龙泉窑早已在20世纪初被陈万里先生所研究确证，就在今天的浙江龙泉县一带。那么，龙泉窑是不是章生二所创烧，他到底有没有一个哥哥呢？

乾隆年间的《龙泉县志》收有《章氏祠堂记》，称章氏在龙泉是大族，北宋起就在该县居住。但是找不到确切的家谱和实物资料，根本没办法确定章氏兄弟以及他们的活动时代。尽管浙江龙泉地区的烧窑人一直奉章家兄弟为窑神，开窑时必去祭拜，然而这也仅限于民间传说。很显然，通过这条线索发掘哥窑是很难得出科学结论的。

20世纪初期，人们已经将解开神秘哥窑的钥匙伸向了浙江龙泉地区的窑址，这里一时间挖窑风行。此后，陈万里"八下龙泉"考察窑址，新中国成立后，考古工作者亦多次进行调查和发掘。根据调查和发掘资料，部分专家认为龙泉县大窑一带以及溪口的瓦窑垟等五处窑址中发现的一种黑胎青瓷，与传世哥窑产品相似。中国科学院上海硅酸盐研究所也对这些标本进行了化学分析，认为这种黑胎青瓷可能就是正统的哥窑。

然而"相似"也好、"可能"也罢，还无法与传世哥窑瓷器的特征完全吻合。要想确证哥窑就在龙泉县，还需要更多的证据和新的考古发现。浙江龙泉地区的大窑、金村、溪口、松溪、武溪等地分布着上百座窑址，此外，临近的遂昌、云和县，以及江西吉安永和窑、福建泉州碗窑乡窑等都有龙泉窑类型的窑址。这些窑址中，是否就有尚不为我们所知的哥窑窑址呢？

瓦窑垟调查收集部分瓷片标本

哥窑在杭州，和修内司官窑一脉相承？

一说哥窑在杭州。杭州地区文献中有所谓"哥窑"、"哥哥洞窑"、"哥哥窑"、"旧哥哥窑"等称呼，凡此种种，是作者的笔误，还是同一个窑的不同称呼，或者是完全不同的窑，目前还无法得知。

元人孔齐《静斋至正直记》记载："乙未冬（1355年）在杭州时，市哥哥洞窑者一香鼎，质细。虽新，其色莹润如旧造，识者犹疑之。会荆溪王德翁亦云：'近日哥哥窑绝类古官窑，不可不细辨也。'"明初

浙江龙泉溪口瓦窑垟瓷片堆积

曹昭《格古要论》记载："旧哥哥窑出……色青，浓淡不一，亦有紫口铁足，色好者类董窑，今亦少有。成群队者是元末新烧，土脉粗糙，色亦不好。"《广志绎》有"官、哥二窑，宋时烧之凤凰山下，紫口铁脚，今其泥尽，故此物不再得"。《遵生八笺》记载："所谓官窑，烧于宋修内司中，为官家造也，窑在杭之凤凰山下……哥窑烧于私家，取土俱在此地。"

  这几个文献均提到杭州，其中王士性和高濂还提到了凤凰山，说哥窑与修内司官窑俱取土于凤凰山下。照此分析，想必哥窑的烧造地点相距凤凰山也不会太远吧！1996年，杭州凤凰山下老虎洞南宋窑址的发现解决

浙江杭州凤凰山老虎洞窑址馒头窑遗迹

了困扰学术界几十年的"修内司官窑"的谜团。不仅如此，老虎洞窑址的元代地层出土了大量带"八思巴文"的窑具以及与传世哥窑相似的一类器物。据八思巴纹专家翻译，窑具上有"章（或张）记"的铭文，这自然使人联想到章生一的传说。上海硅酸盐研究所对元代地层的瓷片进行科学测定，结果表明其化学成分和显微结构与传世哥窑比较接近，他们据此认为所谓传世哥窑就是在老虎洞元代时烧造的制品。

  这一发现着实为哥窑的研究困局注入了新鲜的血液。难道宋代哥窑

真是子虚乌有,北京故宫收藏的哥窑瓷器均属元代?抑或是南宋的修内司官窑就是宋代哥窑,发展到元代就变成了元代哥窑?老虎洞窑址真是传世哥窑瓷器的产地吗?迄今为止,学界除了肯定老虎洞窑址有助于揭开哥窑之谜外,对上述几种观点并没有形成统一意见。争论依旧,哥窑之谜依旧!

窑址元代地层出土八思巴文支钉

秘色出越窑

关于秘色瓷器,唐人陆龟蒙有《秘色越器》一诗:"九秋风露越窑开,夺得千峰翠色来。好向中宵盛沆瀣,共嵇中散斗遗杯。"越窑在哪里呢?今天浙江的余姚、上虞、慈溪一带的上林湖地区战国时属越国,唐代时改为越州,"越窑"因此而得名。

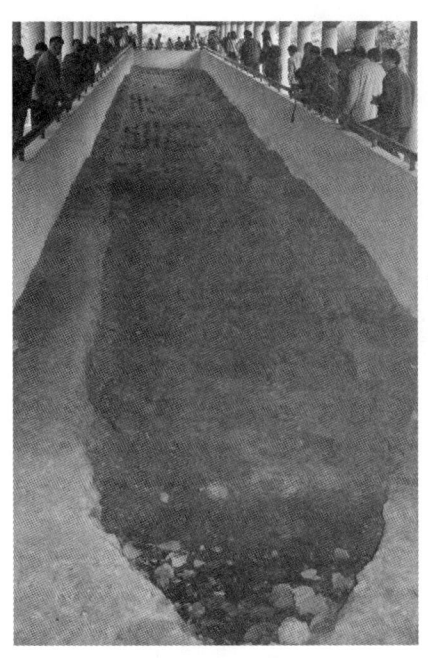

浙江宁波上林湖越窑荷花蕊窑址龙窑遗迹

在方圆数十千米的上林湖区域内,分布着几百处当年的窑址遗迹,破碎的瓷片和废弃的窑具残片堆成了山岭,俯拾皆是,最常见的是青瓷碎片。自20世纪30年代赵万里先生调查越窑开始,学者们研究和考古发掘工作不断开展。通过研究,人们总结出越窑自汉至宋盛烧近千年,产品具有胎质细密、釉质莹润、釉色深绿、色泽纯正、坯釉结合紧密等特点。1988年,上林湖越窑被公布为第三批"国保"。

与唐代其他的窑场相比，越窑的青瓷产品更加精美，因此深受时人喜爱，吸引了许多文人脍炙人口的笔墨，大加称颂赞美。唐代陆羽在《茶经》中形容越窑青瓷"类玉"、"类冰"，将越窑列为诸窑之首。

"秘色瓷"是越窑青瓷的精品，然而，不知从何时起，这种神秘的瓷器就离奇消失了，千百年来，再也没有人亲眼见过"秘色瓷"的真容。即使有幸得见，也未必知道那就是秘色瓷。人们只能在古人零星的诗赋中，想象它的神奇美妙。直到20世纪80年代一天清晨，刚刚经历了一夜风雨的法门镇居民仍像往常一样早起，他们喜欢来到法门寺前活动，那个

陕西扶风法门寺地宫入口

伫立在法门寺中的唐代佛塔，自从几年前遭受地震倾斜后已经被当地人誉为"东方的比萨斜塔"，成为人们的精神寄托。然而那天的景象，却惊呆了所有的人！因为年久失修和雨水侵袭，在一夜暴雨的摧残下，塔的东北边完全塌掉了，而剩下的西南一边也摇摇欲坠，艰难地斜杵着。

唐塔面临的险境引起了各界的关注，文物管理部门也极为重视，组织有关专家和技术人员仔细研究维修方法，最后决定拆除残塔后重建。1987年4月，陕西省文物考古研究所开始清理塔基，为重建宝塔做着最后

的准备。在浮土之下，考古人员发现了一块汉白玉石板，清掉石板后，一个洞口出现在人们眼前……佛教界至高无上的圣物，世上仅存唯一的佛祖真身指骨舍利，与三枚影骨舍利一起显身。在它们周围，分布着大批的御用宝器，计有：金银器121件（组），铜器8件，琉璃器20件，瓷器16件，石刻11件，铁器16件，漆木器、杂器19件，珠宝玉器约400件（粒），丝织品数百件。这些皇室御用器物制作精美，工艺极为考究，件件稀世之宝。许多器物从未见过，连定名都成问题。好在地宫出土的《监送真身使随真身供养道具及恩赐金银衣物帐》提供了每件器物详细的名称、数量、重量、供者名衔等信息。《衣物帐》上赫然写着："瓷秘色碗七口，瓷秘色盘（碟）子共六枚。"传说中千峰翠色的秘色瓷也自此揭开了神秘的面纱……

建窑出斗茶佳器

政和年间（1111~1118年），宋徽宗赵佶已经在位十多年了，他还记得有一年的十月初二，文武百官在集英殿为他贺寿，当时辽国、大夏国、高丽也派遣了使者参加。这样盛大的场面吃得却很简单，每人面前除了饭前的几种"看食"外，只有几个小碟子，摆着生葱、韭、蒜和醋。下酒菜虽有多道，但也很简单，九盏酒后便上主食，最后曲终席散。这与唐代流行的奢华盛宴相比，简直寒酸的可怜！难道赵佶知道节俭治国的道理？其实不然，在位的这些年，他足足花掉先帝辛苦积攒下来70％的国库，典型的一个败家子。真正的原因在于先辈们留下了节俭的祖训，他不敢越制罢了。

既然在饮食上不便讲究，赵佶便在饮食的器皿上下工夫。他喜欢欣赏"看食"，这是一种工艺菜，用北宋官窑、汝窑、定窑、钧窑的精美瓷器盛装，相得益彰，可以刺激食者的胃口。不仅如此，他还羡慕苏东坡、蔡君谟等文人们"斗茶"茗战的佳话，常常邀请蔡京等宠臣"斗茶"。

宋代的茶叶是制成半发酵的膏饼，饮用前先要把膏饼碾成细末放在茶碗内，沏以开水，因此称为"点茶法"。由于点茶技艺性、表演性强，自

水吉镇后井大路后门窑址龙窑遗迹

唐末五代起,就从福建兴起一股"斗茶"之风。赵佶熟知斗茶胜负的标准主要是"色"与"浮"。"色",以茶汤面色鲜白为上。点茶之色,一般有纯白、青白、灰白、黄白数种,以纯白为上。而斗"浮"比斗"色"更见功夫。斗浮即要乳花浮起后着盏不落,先露水脚,水痕先出者为负。斗茶最重"烹新斗硬要咬盏",要使乳花像固体那样咬住盏壁,凝而不动。这就对茶具提出了极高的要求,当时福建建窑烧制的一种黑釉茶盏,釉面呈条状结晶纹、细如兔毛的,被称为"兔毫釉"。兔毫有黄、白两色,称"金兔毫"、"银兔毫"。赵佶喜欢银兔毫,觉得白色的兔毫映衬在青黑釉色上,显得格调品味更胜一筹。为此,建窑专门为皇家烧制了"供御"和"进盏"的瓷器。

这座位于福建省建阳县水吉镇的窑场,从晚唐、五代始烧青瓷,其胎质为乌泥色,由于宋代斗茶的盛行,建窑改以生产黑釉茶盏为大宗。聪明的窑工经过无数次的反复实践,利用釉中所含氧化金属的呈色原理和窑温火焰的机理,烧出了富有变化的结晶釉和窑变花釉,有的在黑色釉地上呈现出条状和油滴状结晶,有的烧出窑变花釉如玳瑁,有的把剪纸图案烧在釉内,此外,在黑釉上用刻花、划花、剔花、印花装饰技法予以美化,使建窑的产品丰富多彩。当时很多日本僧人到中国留学,将建窑的黑釉产品带回国,对日本陶瓷艺术也产生了很大影响。2001年,建窑遗址被公布为第五批"国保"。

探访党项族的草原"梦工厂"

如果我们把陶瓷誉为土与火的艺术,那么窑无疑是加工这种艺术的"梦工厂"。

很多人以为,这种"梦工厂"是农耕民族的专属。那么,究竟游牧民族在历史上用不用瓷器,有没有自己的梦工厂呢?今天,让我们一同到宁夏探访党项族的草原梦工厂吧。

党项是羌族的一支,他们繁衍于我国的西部地区。唐末,党项羌平夏部助唐平叛有功,被赐姓李,统辖今宁夏、陕北等地。入宋后,其长子李元昊嗣夏王位,继续在河西地区经略。宝元元年(1038年),李元昊正

宁夏灵武窑瓷片堆积

式称帝，建国号为大夏（史称"西夏"）。自此，一个与宋、辽鼎立的政权便正式登上历史的舞台。

按照党项人的生活习性，他们以放牧为生，逐水草而居，日常生活器皿也都是适合长途跋涉，易于携带的皮制或木制器皿，瓷器显然是华而不实的玩意儿。然而随着与宋朝的交流，瓷器作为馈赠品和贸易品也逐渐为党项人所接受和喜爱。考古资料显示，建国初期，西夏所用瓷器都从宋朝进口。但是到了西夏中后期，一些与中原瓷器相似，却又具有不同艺术风格的瓷器品种出现在党项人的日用品中。显然这些产品不是出自中原梦工厂，它们来自哪里呢？

明代的文献提示，灵州（今宁夏灵武西南）东北六十里有瓷窑山，为陶冶之所。这里会不会就是西夏人自己生产瓷器的窑场？经过多年的研究和寻找，1984年6月，文物工作者终于在灵武县城以东35千米、距磁窑堡镇西北4千米处，找到了这处神秘的西夏窑址——灵武窑。

经过数次系统的发掘，考古人员共清理出西夏窑炉3座、西夏瓷器作坊8座、元代瓷器作坊1座、清代窑炉1座，发掘面积约700平方米。出土瓷器、瓷具、窑具共3000余件，同时发掘出大量墨书西夏文瓷片、墨书汉文西夏年款的瓷片和西夏钱币。对于灵武窑有了全面详细的认识。

西夏灵武窑器物造型稳重，胎体厚实，烧造工艺采用北方常见的施化妆土方法。器形主要是生活用具，如盘、碗、杯、钵、盆、罐、壶、盒、釜、缸、灯，其他有文房、娱乐用具，宗教用品，建筑材料，雕塑等，如砚、棋子、铃、埙、纺轮、杵、佛花、法轮、瓦、滴水、瓦当、男女供养人、骆驼、鸡、马、羊等。除烧造北方常见的日用器外，扁壶、铃、钩则为西夏游牧民族所特有。产品施釉有白、青、褐、茶叶末釉、黑及少量紫釉；装饰与河北磁州窑相近，以划花、剔花最为常见。一件褐釉刻花大瓶，瓶腹刻有犬、马、兔、鹅、鹰、幡旗等狩猎纹饰，具有鲜明的民族特色。

元代灵武窑的生产规模仍然不小，但质量明显下降，品种也有所减少。明代以后，灵武窑逐渐衰落，最后停产。2006年，作为一处重要的草原梦工厂，灵武窑被国务院公布为第六批"国保"。

景德镇至尊御窑厂

朱元璋开创大明王朝的第二年（1369年），为了烧制皇家的御用瓷器，下诏在景德镇的珠山山麓建立了御器厂。此后清代改名"御窑厂"，至1911年停烧，数百年间规模不断扩大，从最初的20座窑到后来的衙署、作坊、窑房以及附属的祠、庙、亭、阁等，集中了最优秀的工匠、最精细的原料、最充足的资金，烧造出最为精美绝伦的瓷器，推动中国工艺美术达到了巅峰。

御窑厂是皇家的私产，这里生产的瓷器除皇室外，其他任何人都严禁私自使用，违者将受到严惩。如明宣宗曾派宦官张善为朝廷督办祭祀先祖的一批瓷器。张善到景德镇后，欺压属下，将很多瓷器私自馈赠他人。皇帝知道后，下令对张善处以极刑，斩首示众。即便是仿照御窑厂生产的瓷器样式，也将面临杀头的惩罚。如明英宗就曾两次下令，如有仿烧官府禁止的瓷器进行贩卖和馈赠的，首犯处死，没收全部财产，全家发配边疆，包庇的人也要受到连累。

人们总是难以理解，我们今天为何无法仿造出与当年一样精美的瓷器

景德镇御窑厂遗址

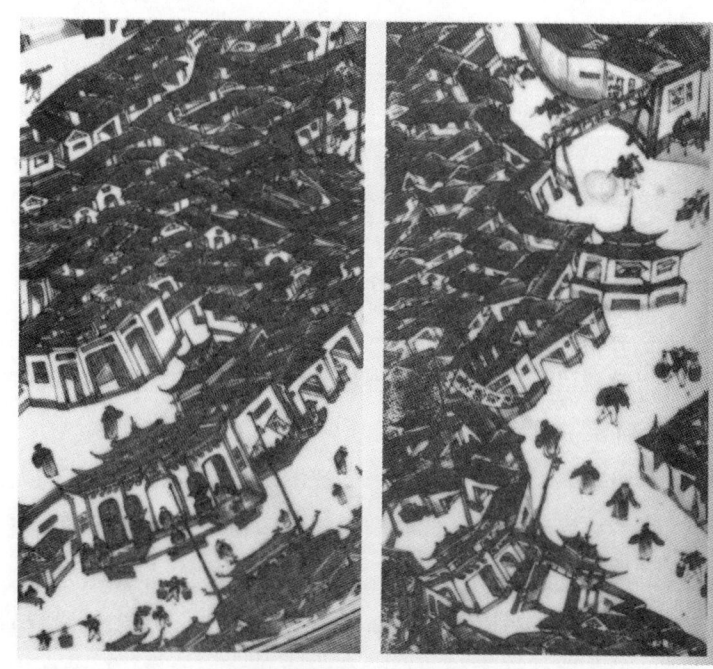

瓷器上昔日御窑厂的繁荣景象

呢？这是因为御窑厂的生产几乎是不计成本、不计代价的。即便如此，烧好的瓷器在运往京城前还要进行严格的拣选，淘汰率极高。从明代御窑厂的考古发掘现场看，这种严格的筛选至少有两次，一次是在出窑以后，另一次是在库房里。根据乾隆时期著名督陶官唐英的统计，淘汰率至少在50%以上。挑选下来的残次品也不能随便处理。一般的处理方法是集中销毁后掩埋。2002～2004年，北京大学考古博学院、江西省文物考古研究所和景德镇市陶瓷考古研究所联手行动，对珠山北麓的部分地区进行了发掘，清理了近800平方米御窑窑址，在遗迹中有明永乐时的四座葫芦形窑炉和一大批明代瓷片堆积。从碎片堆积中拼合的器物有永乐青花釉里红云龙纹梅瓶、釉里红云龙纹梅瓶、红釉刻花云龙纹梅瓶、内红釉外釉里红赶珠龙纹大碗、内白釉外釉里红龙纹小碗、黑釉划花鼎式香炉和宣德仿哥釉瓜棱小罐等，这些都是当时淘汰下来的残次品。可想而知，生产不计成本，再加上产品严格把关，运往京城的必然是精品中的精品。当然，有的皇帝也考虑到烧制御用瓷器造成的严重浪费，乾隆即是一个。他曾下令将残次品在景德镇变价处理，显示了精明的头脑。

珠山曾是景德镇市的标志，一座高岗周围分出五条小丘陵，如五龙朝珠，因而得名。明清时期的御窑厂便分布在这里，清代后期，珠山山顶还兴建了一座砖木结构楼阁，取名"龙珠阁"。如今高楼鳞次栉比，珠山几乎夷平，已不见昔日雄姿。御窑厂遗址留下来的唯一地面遗物仅剩一口水井，昔日的繁荣景象也仅能从《浮梁县志》和《景德镇陶录》的木刻版画，以及瓷器上罕见的御窑厂图像管窥一二了。

景德镇御窑厂在中国陶瓷发展史上占有极其重要的地位，2005年被公布为第六批"国保"。

其他遗址

仰韶村遗址是中国现代考古学的名片

安特生眼中的仰韶村山谷景象

一提到仰韶文化，每个中国人脑海中都会浮现出赫赫有名的人面鱼纹盆，小口尖底瓶以及彩陶盆、钵口沿上的原始文字符号。但是很少有人知道仰韶文化以及它的命名地在中国考古学史上具有何等重要的地位。

1921年，有一位名叫安特生的瑞典地质学家来到了河南渑池县仰韶村这个地方。安特生从小喜爱地下埋藏的宝藏，当时他担任中国北洋政府农商部矿政顾问一职，三年前听说河南渑池县的仰韶村有古生物化石发现，便来到这里进行采集，希望能有助于研究。幸运的是，他的中国助手刘长山不仅采集到了化石，还收集到数百件先民使用的石器。这大大引起了安特生的兴趣，他觉得这样的发现非常重要，很有可能来自一处前人所不知晓的史前遗址，所以在1921年4月，他又来到了仰韶村，希望能够亲自解开这个谜底。

安特生沿着村边冲沟的断面细细地观察和寻找，他知道，冲沟的断面最能反映出古老的地层关系，帮助他判断那些远古时代的文化堆积。终于，他在一处崖壁上发现了一些石器和陶片，这些红色或黄色的陶片上有的甚至还绘有深红色或黑色的图案，线条朴实却异常鲜明生动。凭借着多年地质工作的经验，安特生判断这里是一处新石器时代遗址。随后，他立即向北洋政府报告了他的发现，并在征得中国政府的同意后，于当年10~12月对遗址进行了正式的考古发掘。经验丰富的安特生带领着当时中国地质调查所的袁复礼等5位工作人员，一起发掘了17个地点，获得了大批珍贵的文化遗物。这次发掘以后，他们又在周围的一些地点进行了调查或发掘。安特生发现，在这些地点所发现的遗物和遗迹其实都属于新石器时代中晚期的同一类遗存，因此，他就用他最先发掘的这个小村子的名字命名黄河中游地区发现的这些同类遗存所代表的文化，称之为"仰韶文化"。

这是田野考古学在中国真正迈出的第一步，这个外国人在河南仰韶村的发掘，是中国土地上第一次以学术研究为目的的正式发掘，对中国新石器时代考古学的建立和中国近代田野考古学的发展，具有开创之功。

此后，仰韶村遗址分别在20世纪50年代和80年代进行了两次发掘，这些工作为研究我国早期的社会发展史提供了丰富的实物资料，也为世界考古学的研究做出了重大贡献。1961年被国务院公布为第一批"国保"。

高度发达的河姆渡文化因洪涝而衰亡

位于浙江余姚的河姆渡镇自20世纪70年代被发现起便闻名于世。它之所以得到世人的重视是因为此前人们多认为黄河流域是中华民族的发祥地，而河姆渡遗址的发现证明长江流域同样孕育着丰富而灿烂的原始文明……

距今约7000年前，杭州湾南岸的河姆渡一带有个天然的"工"字形山地，由于良好的促淤功能，在全新世海退初期这里最先成为陆地。当姚西平原还是一片浅海的时候，河姆渡已是宁绍平原上的一块"风水宝地"。而每当洪水过后，这里都是最早露出，并迅速变成绿地。绿地上居

河姆渡遗址木构建筑基址

住着河姆渡人。他们以渔猎，种植水稻，饲养猪、狗等家畜为生。男人或手执长矛、或张弓搭箭、或吹哨呐喊，捕猎鹿、野猪、鸟类等各种动物，有时又乘舟下海，捕捞鱼类；女人则编结纺织，制作陶器、骨器、漆木器等手工艺品。

河姆渡人住在一种栽桩架板高于地面的干栏式建筑里。干栏式建筑是一种令人惊叹的建筑形式，它采用圆桩、方桩、板桩、梁、柱、木板等木构件搭建而成，成为中国长江以南地区传统的重要建筑形式之一。与北方旱地文化一样，河姆渡人有自己的小"独单"，平日生活居住；也有占地一二百平方米、由若干隔间组成的公共建筑，用来处理氏族的统一事物。居住区生活便利，有公共水井，有生产作坊，制作大家的日常之需。

陶器是生活必需品。由于烧制火候低，烧成温度800~850℃，因此胎质疏松。根据功用，器形有釜、罐、盘、盆、钵、豆、甑、鼎、鬶、支座等。陶器表面往往进行美化处理，除磨平素面和施红色陶衣外，还要装饰纹样，有绳纹、镂空、几何图案花纹和动植物图案，如稻穗纹、叶纹、猪纹等。最为精美的是一件黑陶猪纹钵。高11.6厘米，长21.7厘米，宽

17.2厘米。钵体表面上的猪纹形态逼真。猪的头部前伸低垂，双目圆睁，好似在四处寻觅食物。猪的腹部微鼓，身上除了刻有花纹外，脊背上的鬃毛矗立着，惟妙惟肖。

食用剩余的动物骨骼也为河姆渡人提供了大量的手工原料。经过精心的构思、精细的磨制，他们生产出骨耜、镞、鱼镖、哨、锥、针、管状针、匕、有柄匕、梭形器、锯形器、凿、匙、笄、管、坠、珠、蝶形器、靴形器等各种生产和生活用品。少数有柄骨匕、骨笄上雕刻图案花纹或双头连体鸟纹，堪称精美的实用工艺品。另有象牙制品，其中刻有双鸟朝阳图像的蝶形器、凤鸟形匕状器、雕刻编织纹和似蚕纹的小盅等，显示了精湛的制作技艺。

许多学者在惊叹于辉煌灿烂的河姆渡文化的同时，还深入发掘了这一高度发达的文明何以在繁荣2000年之后衰亡消失的原因。1999年春，一个致力于河姆渡文化兴衰与水环境关系的研究小组在当地成立，经过研究，他们得出这样的结论：全新世海退结束时形成的杭州湾喇叭口地形，使姚江平原的水环境发生重大变化，水流北排不畅，洪涝成灾。河姆渡常常经受洪水的威胁，逐渐变成一片水乡泽国，先民赖以为生的水稻生产连遭淹没，连年减产，甚至颗粒无收。最终他们不得不背井离乡，离开这块生息了2000年之久的土地！

河姆渡遗址的发现和发掘为研究新石器时代南方农业、建筑、纺织、艺术等早期文明提供了极其珍贵的实物佐证，1982年，作为新中国的重大考古发现之一，河姆渡遗址被公布为第二批"国保"。

唐代马球场遍布全国

2010年，第16届亚洲运动会在美丽的羊城举行，兴奋之余也有些许遗憾，一些亚洲传统的体育项目还未正式列入，而历史悠久的马球运动正是其中之一。它究竟从哪里起源尚有争论，多数人相信它源自西亚地区，因为早在公元前6世纪的古波斯帝国时期就已经有了马球运动；也有人认为它始自我国的西藏地区；还有人认为它就发源于中原。不管怎样，马球运动兴起后，逐渐传播到中亚、日本、朝鲜等地，一度风靡亚洲。

在中国古代，马球运动又称作"击鞠"、"打球"或"击球"。打马球时没有严格的人数限制，双方球员各自骑着高头大马，手执长数尺、头部如月牙形的球杖，争抢击打一个拳头大小的圆球，打入对方的球门一次即得一分，最后以得分多少定胜负。这项运动在唐时尤为兴盛，以打球会友，训练军队，甚至马球外交都是当时的时尚。皇帝们不仅爱看，还亲自上场一展身手。唐玄宗可谓大唐皇帝中的第一高手，在与吐蕃迎娶金城公主的使者们进行的一场马球比赛中，他东冲西突，以一当十，最终取得了

西安大明宫含元殿及其前方的空地，不知这里是不是举行过盛大的马球比赛

比赛的胜利。唐宣宗同样球技高超，"每持鞠杖，乘势奔跃，运鞠于空中，连击至数百而马驰不止，迅若流电"，军队中的马球高手无不折服。在他们的带动下，贵族、文武官员、普通士兵，男男女女都喜欢打马球，而专用的马球场也遍布全国。

当时的长安、洛阳、成都、福州以及徐州、许昌、泗州等地都修建有

马球场。首都长安城内更是随处可见，宫城、大明宫内有御用球场，三殿十六王以及许多贵族的宅邸则有私人球场。公元831年，唐文宗修建大明宫含光殿及马球场后，专门刻石记录，1100年后，这块刻石在西安市大明宫遗址出土，留下了当年修建御用马球场的珍贵资料。唐代的马球场大多宽阔平坦，有千步之遥，面积足有两个足球场大小。场地的一面依靠高台或殿堂楼阁，可以凭高欣赏比赛，另外三面为场地边界，一般砌筑低矮的土墙，奢华的也用锦缎装饰。球场外还要竖立统计比分的旗子。为了便于比赛，场地表面往往要进行处理。一般的球场采用细筛的泥土，夯打碾压而成；利用天然草坪修整的可以称作草地球场，大概吐蕃的马球赛多在这种球场举行；铺设沙子以防球场积水的是沙地球场，1998年，福建省考古所在福州市冶山发现了唐代福州刺史裴次元修建的一个马球场，即为沙地球场；还有一种最为奢华的球场——沥油球场，地面采用动物油脂拌入精筛的泥土反复夯打碾压而成，表面平整如镜，马踏后不易扬尘。驸马武崇训、杨慎交在长安的宅邸，蜀主王建在成都的王宫内修建的正是这种球场。

唐代以后，马球依然流行，直到明代才逐渐衰落。公元13世纪，英国人在印度东北部学会了打马球，并将其带回英格兰。随后现代马球运动迅速传播到英联邦国家、美国以及南美洲，一度还成为奥运会的比赛项目。

中国第一枚核弹在海晏研制

20世纪50年代末的一天，在北京工作的一对恩爱夫妻各自接到上级通知，要求他们去参加一项秘密的工作，而他们自己并不知道要到哪里去，也不知道要去多久。离别是痛苦的，然而他们为了神圣的国家使命，擦干眼泪，分别踏上了陌生的征途，数载杳无音讯……

几年后的1964年10月16日下午3时，我国第一颗原子弹在新疆荒漠试验成功。在震惊世界的同时，一场盛大的庆功宴也随之举行。宴会上两夫妻惊喜地团聚：原来他们接受的是同样的使命，虽然彼此见不到对方，但是却一直工作生活在同一片美丽的草原上——这里就是青海省海晏县西海

海晏核武器研制基地上星站,中国第一颗原子弹即在这里装车运往试验地点

镇的金银滩。

新中国成立初期,面对着特殊的历史背景和国际环境,国家决定创建中国核工业,研制核武器。1956年,周恩来向中央报告,建议成立原子能事业部(1958年改为第二机械工业部,简称"二机部"),主管我国核工业。同年,中央决定选址建设核武器研制基地。由于这项工作的特殊性,人烟稀少、平均海拔3100米的金银滩草原最终承担了这一艰巨使命。一切从零开始,为了保密,这里对外称国营221厂、青海矿区、青海机械厂筹备处、青海第五建筑工程公司等。夫妻二人与万余名来自全国各地、各行各业的建设者和科研人员一起,隐姓埋名,夜以继日,共同挺过了高原缺氧、气候多变、给养匮乏等恶劣条件,从三顶帐篷起家,逐渐建设起18个厂区、4个生活区,包括总指挥所、研发厂、发电厂、爆轰实验场、科技楼、图书馆、文化宫、将军楼、黄楼等集科研、生产、生活为一体的完善的研制基地,建筑面积56.4万平方米。为保障研制工作,还建设铁路专用线38.9千米,专用公路78千米。

在这些看似简陋,却配备了当时最为先进的科学仪器、设备的基地里，科研人员很快攻克了原子弹的理论计算、物理爆炸试验、核材料提取、生产等各项关键环节。1964年的一天夜里，第一枚原子弹从上星站小心启运，徐徐开向新疆罗布泊。此后，海晏基地又研制出中国第一枚氢弹。1987年，为了适应国际环境的变化，国家作出了撤销221厂的决定，并于1993年开始对基地核设施进行细致彻底的无害化特殊处理。2001年，作为爱国主义教育基地和历史的见证，中国第一个核武器研制基地旧址被国务院公布为第五批"国保"。

每逢国庆，我们都会想起海晏，想起那些为国防安全作出卓越贡献的两弹元勋：王淦昌、钱三强、邓稼先、郭永怀、朱光亚、周光召……还有那些与夫妻俩并肩战斗、默默无闻的幕后英雄们。

墓葬篇

古代王陵

东西方金字塔

东方人也好、西方人也罢，总喜欢拿各自的文化与对方比较，希望找出一些相同或不同点，不同点自然容易解释，比如地域、气候、民族、宗教、等等；而相同点则往往要争论一番，你早还是我早，是影响、传播还是独自形成？今天我们不妨来看看东西方的金字塔。

众所周知，作为古代埃及法老王的陵墓，巨大的石砌金字塔建造于公元前2700~前2500年，在公元前便已闻名地中海，据统计，保存至今的有一百多座。其中最为著名的是胡夫金字塔，底部呈正方形，每边长约230多米，塔身由230万块巨石构成，气势极其宏伟壮观，经历了几千年的岁月仍高达136.5米，它保持世界最高建筑的记录近4000年。到了公元15世纪末，当哥伦布及其随从第一次踏上美洲这块古老又神奇的大陆时，他们发现这里的热带丛林中隐藏着成千上万座金字塔。据统计，从公元前10世纪到公元15世纪，古代美洲的各个民族相继兴建了10万多座金字塔，这个数字颇为惊人。在这些金字塔中，最著名的是墨西哥玛雅人建造的太阳金字塔和月亮金字塔，太阳金字塔底部同样呈方形，边长225米左右，高约64.5米，塔体表面由巨石垒砌，内部填土和沙石，塔顶建有一座10米高的太阳神殿。

而在中国，同样存在着类似的金字塔形陵墓，这就是位于吉林省集安市的高句丽陵墓群，在群山环绕的洞沟平原，遍布着高句丽建国700多年间遗留下来的墓葬，数量达1万多座。在整个墓群中最为雄伟壮观的便是高句丽的王陵以及显臣之墓，它们均是"金字塔"形的巨石墓，现存有400座。"将军坟"是其中保存最为完好的一座，整座陵墓底部同样近正

埃及现存最早的金字塔"萨卡拉金字塔"

安高句丽"将军坟"堪称东方金字塔的代表

夏王陵3号陵

方,每边长约32米,用1100多块精琢的花岗岩石条垒砌,高约13米。在坟的顶端,四边的石条上留有排列整齐的圆洞,墓顶的积土中有板瓦、莲纹瓦当和铁链一类构件,可以看出是亭阁建筑的遗迹。据考证,将军坟很可能是高句丽第二十代王长寿王的陵墓,建于4世纪末到5世纪初。1961年,将军坟与洞沟平原的其他古墓群一起被国务院公布为第一批"国保"。2004年,将军坟被联合国教科文组织列入世界遗产名录。

此外,过去很多人把西夏陵(其实指的是"陵塔")也比作"东方金字塔",其实这种比较并不贴切。据说,这一称呼最初来自日本的学者,果真如此,他们应该也是不懂西夏陵和金字塔的日本伪学者吧!西夏陵陵塔不宜被比作金字塔的原因主要有两点:其一是结构不同。西夏陵陵塔为夯土实心,外搭建砖木结构建筑,这与金字塔的巨石结构完全不同;再有就是外形不同。西夏陵陵塔的外形应该与古代的密檐式塔相近,底部近圆形或八角形,高五级或七级,并不是典型的金字塔形。

西夏陵作为西夏王国的帝陵，始建于11世纪。公元1038年10月，党项人李元昊在兴庆府（今宁夏银川市）建立大夏王朝，西夏语为"大白高国"，历史上习称"西夏"。这个曾经"东尽黄河，西界玉门，南接萧关，北控大漠，地方万余里"的王国，一度与宋、辽鼎足而立，凡190年，经历了10个皇帝。他们从中原学习政治、经济、文化等各个方面的知识，也参照北宋皇陵在都城西郊的贺兰山下约50平方千米的范围内，兴建起自己的帝陵。从平面上看，整个帝陵以及王公大臣的数百座陪葬墓按照星象布局排列。每座帝陵都有一个独立的陵园，构成了一个完整的建筑群体。陵园结构相近，坐北朝南，平地起建，陵塔、献殿和墓室是其中的主体建筑。陵园四周建有陵墙，陵墙四面开门，建有门阙，四角建有角阙。陵墙南面还有鹊台、碑亭、月城等建筑。开国皇帝李元昊的三号陵被认为是帝陵中规模最大的一座。遥想当年，离三号陵很远的地方就可以看到醒目的红墙青瓦，经过高大的鹊台和碑亭可以看到威武的驮碑力士。往北进入月城，两排文臣武将的石像威严伫立，继续为效忠的皇帝守护极乐净土。通过铺漫花砖的南门步入陵园，迎面是一座面阔、进深各3间，台基呈八角形的方形献殿，显得异常庄严肃穆，再往北就是墓道和墓室，后面是陵园中标志性的建筑——陵塔，残存塔心底部周长近120米，高约20米。这种塔形的建筑是西夏陵的典型建筑特色，与之相搭配的还有陵墙上的门阙和角阙，由数个大小不等的圆形、塔形的砖木建筑组成，其上装饰各种兽面瓦当、鸱吻以及佛教中美妙的"妙音鸟"——迦陵频伽。这是汉族文化、佛教文化与党项民族文化有机结合的精美艺术，蕴涵着极高的文物价值。1988年，西夏陵被国务院公布为第三批"国保"。

如果非要将西夏陵与金字塔扯上什么关系的话，我想它们都属于墓葬建筑，也都遭到过严重的破坏。史载成吉思汗率领的蒙古大军所向披靡，却遭遇到西夏的顽强抵抗，这也成为一代天骄的未竟事业。蒙古人最终消灭西夏后，按照他的遗愿，挖掘了西夏王的墓穴，焚毁建筑，彻底破坏了这处精美的艺术宝库。

也许有人会问，是埃及的金字塔传播到美洲和亚洲，从而影响到玛雅王国和中国吗？亚非欧大陆自古紧密相连，文化往来频繁，我们很难否定中国与非洲之间的"传播"论;而美洲在16世纪以前一直是个孤立的"新大陆",文化上与世界其他地区的交往几乎一片空白,似乎又很容易排除掉非洲的影响。即便如此,由于世纪的长河淹没了太多的信息,我们不能简单地得出结论。不如将注意力转向金字塔本身,反思一

西夏王陵3号陵全景

下到底埃及人、玛雅人还是高句丽民族如何在科技水平低下的时代创造出如此卓越的建筑,而今天的人类科技日新月异,却始终解不开围绕金字塔的种种谜团?

藏王墓与"天葬"习俗有关吗

在西藏自治区琼结县城对面的木惹山上,坐落着7~9世纪历代吐蕃赞普的王陵——藏王墓。陵区分东西两部分,相隔约1千米,目前已发现20座封土。较大的封土边长在100米以上,高出地面10余米,由土石分层夯筑而成。西陵区1号陵被认为是松赞干布和文成公主的陵墓,6号为赤德祖赞陵,7号陵为赤德松赞陵。由于没有经过考古清理,因此这些陵墓的主

人究竟是谁并没有确凿的证据。1961年，藏王墓被国务院公布为第一批"国保"。

看到这里，也许有些朋友会产生疑问：西藏的葬俗不是"天葬"吗？藏王为什么要土葬呢？

藏王墓西陵区

1号陵被认为是松赞干布陵

其实，今天西藏地区流行的"天葬"习俗是在佛教后宏期（公元10世纪）以后才逐渐形成的，在此之前，西藏本地宗教——苯教盛行，苯教并没有天葬习俗。根据文献记载和考古发现，土葬是当时最为流行的丧葬习俗。强大的吐蕃王朝以仿造中原地区修建宏伟壮观的陵墓为时尚，藏王墓即是如此。

过去人们普遍认为，在佛教传入以后，西藏原有的丧葬习俗逐渐发生变化，"天葬"开始流行。然而，我们似乎无法断定"天葬"习俗就来源于佛教。因为那些皈依佛教的印度国王们，死后都实行土葬。而佛教佛祖释迦牟尼，圆寂以后也施以火葬。中国内地的僧人们一般也都采用火葬，佛骨舍利就是这种葬俗的产物。

"天葬"习俗究竟来自哪里？为何人所使用？文化内涵是什么？

一个在伊朗被称为琐罗亚斯德教或马兹达教的宗教出现在我们的视野中，它产生于公元前6世纪，创始人是琐罗亚斯德。据说，他在30岁得到大神阿胡拉·马兹达的启示创建了该教。琐罗亚斯德教在伊朗和中亚地区非常流行，一度成为伊朗阿契美尼德王朝、萨珊波斯的国教，同时也是大夏和粟特地区的主要宗教。公元3~4世纪，琐罗亚斯德教已经通过丝绸之路进入中国。在中国古代，它又被称作祆教、火祆教或拜火教。

西方研究者早就注意到西藏文化受到了伊朗琐罗亚斯德教的影响。而"天葬"习俗恰恰是琐罗亚斯德教的典型葬俗。根据琐罗亚斯德教经典《阿维斯陀》的规定，教徒死后是不允许埋到土里的，因为他们相信土地已经被恶神所玷污，而尸体被鹰或者狗吃掉则可以得到净化。公元1350年一位到东方的欧洲旅行者这样描写琐罗亚斯德教的葬俗："他们不掩埋自己的死尸，也不焚烧死尸，而是把死尸扔到一种无顶盖的塔中间，完全暴露给苍鹰。"

若把西藏的天葬台与琐罗亚斯德教的天葬塔进行比较的话，不难发现二者之间存在着若干相似之处：如选址都在高处，位于山腰或山冈之上；喂饲对象主要都是鹰类；都有专门从事此项工作的"天葬师"等。我们有理由相信，两者之间存在着必然的联系。

遭到疯狂盗掘的都兰吐蕃墓群

20世纪80~90年代,国际艺术品市场上频频出现盗自中国的精美丝织品和金银器,由于它们带有中西文化交流的因素,因此颇受买家追捧。这也引起了国家文物和公安部门的重视,经过追查,长期被疯狂盗掘的吐蕃古墓群在青海浮出水面……

青海省中部、柴达木盆地东南部有一片历史悠久的土地,蒙古人把这里称作"温暖的地方",翻译成汉语即"都兰"。汉平帝元始四年(4年),都兰归属中央政府统辖,东晋十六国时期,东北地区的鲜卑慕容部的一支迁徙至此,建立了吐谷浑王国,7世纪后期,吐蕃占据此地。千年间,这里的民族生生不息、人丁兴旺、文化繁荣,尤其是吐蕃统治时期的丧葬文化内涵丰富。从夏日哈到巴隆之间长达200多千米的土地上,留下了上千座吐蕃古墓葬,仅热水沟内不到1千米长的地方就分布着大小200多座。

1982年以来,青海省文物考古研究所开始对都兰墓群进行部分发掘,其中最大的一座墓为察汗乌苏镇东南约10千米的热水乡血渭一号大

都兰热水墓群一号大墓

墓。这座大墓依山而建，规模宏大，由围墙、封土、墓室、殉葬坑、陪葬墓等组成，封土为石块堆砌，高33米，周回160米，封土中有九层排列整齐的柏木，考古人员仅发掘了一、二层，便出土了大量随葬品，有皮革、木牍、漆木器、金银器、丝织品和粮食等，另出土马、牛、羊等动物遗骸700余具。封土前还发现5条殉马坑和13个环形的殉葬牛、狗等动物的陪葬坑，出土了87匹马的完整骨架及大量其他动物骨骸。此外，大墓周围还分布有数十座小型陪葬墓。1998年唐研究基金会赞助，北京大学考古文博学院组织对都兰热水的几座被盗吐蕃墓进行发掘，尽管破坏严重，但墓葬结构仍保存完好，封土较为讲究，有柏木圹、夯土层等，有的还殉狗；墓室分为单室或多室，由柏木、石、砖等材料垒砌，其上由整根的柏木封盖。墓葬中出土了一批精美的丝织品、皮革、漆器、木器和金银器等的残件，尤为重要的是带有吐蕃文的木牍和石构件揭示出个别墓主人的身份可以达到"论"级（相当于"丞相"），同时随葬品也显示吐蕃人对中原道教、佛教充满兴趣。

遗憾的是，青海省考古研究所发掘的材料至今没有出版报告，使国内外的学者无法全面了解和参与相关的研究工作。尽管如此，零散的发现足以证明历史上的都兰是汉藏交通的要冲，也是中西文化交流的丝路要道。学者们相信，都兰吐蕃墓群对研究吐蕃文明史、汉藏文化的交流、中西文化交流均具有重要的文物价值。1996年，热水吐蕃墓群被国务院公布为第四批"国保"。

曹操缘何葬在邺城

今天的河北省南部与河南安阳临界的漳水之滨古称为"邺"，它为人所知是因战国时期西门豹曾在这里做过长官，他破除迷信，揭穿"河伯娶妻"的骗人把戏，惩治了诈取民财的女巫等恶霸势力，并带领当地老百姓兴修水利，治理漳河水患。经过多年的治理，邺城由贫瘠之地变成魏国东北重镇，西门豹也深受人民爱戴，后人便在漳水畔修祠建庙来纪念他。

600年后，西门豹祠香火依然旺盛，连曹操也将自己的陵墓选择在西门豹祠附近。《三国志》记载，曹操在建安二十三年（218年）六月下令在西门豹祠西原上建立陵墓，"因高为基，不封不树"。两年后的春节刚过，曹操便在洛阳病逝，他的灵柩于二月运回邺城，随后举行了隆重的葬礼。曹植描述当时出殡的场面是"兆民号啕，仰愬上穹"、"群臣奉迎，我王安厝。窈窈弦宇，三光不入。潜闼一扃，尊灵永蛰。圣上临穴，哀号靡及。群臣陪临，伫立以泣"。

　　有人会问，曹操为何要葬在邺城附近呢？这还要从曹操消灭袁氏兄弟说起。建安十五年（210年），曹操取得北征、东进等胜利之后，途经邺城休息，半夜见到金光由地而起，隔日在金光之处挖出铜雀一只，大臣荀攸解释说这是吉兆，古代舜帝的母亲就是梦见玉雀入怀而生的舜。曹操听后大喜，决定在此吉祥之地修建王城以彰显其平定四海之功。

　　新建的邺城突破了以前的城市格局，强调中轴安排。平面呈长方形，全城分为郭城和宫城。郭城中有一条东西干道将全城分成南北两部分。干道以北地区为统治中心，正中为宫城，内有举行典仪用的建筑和广场。宫城以东为宫殿、官署和王室、贵族的居住区。宫城以西为禁苑——铜雀园，其中有粮仓、武器库和马厩；园西北隅凭借城墙加高筑成铜雀、金虎、冰井三台。东西干道以南为一般居住区，划分为若干里坊；中轴大道

邺城铜雀台遗址，昔日的高台盛景如今仅存残缺基址

北通宫城的北门——端门。这种结构严谨的布局方式承前启后，对后来的隋唐长安城、洛阳城，明清北京城的兴建都有着巨大的影响。邺城的东门外设有市场和驿站，西门外有大片皇家苑囿和水面，城内用水也从城西经铜雀、金虎、冰井三台流入城内。三台为全城的制高点，台上楼宇连阙，飞阁重檐，雕梁画栋，气势恢宏（1988年邺城遗址被公布为第三批"国保"）。

看着雄伟壮观的邺城，曹操非常得意，在铜雀台建成之日大宴群臣，两位儿子也登台作赋，一时间，曹氏父子与文武百官觥筹交错，对酒当歌，鼓乐喧天，歌舞升平，盛况空前。

正如曹植《登台赋》所言："见天府之广开兮，观圣德之新营。"邺城是曹操建立功业、匡复天下的见证地，他死后能不葬在这里吗？

曹操疑冢与北朝墓群

建安二十五年（220年）二月，曹操葬于邺城以西的高陵。尽管"不封不树"，数百年间，曹操墓的具体位置依然为人们所知，如赵建武十一年（345年）去世的鲁潜就葬在曹操墓西北角西行四十三步、北回至墓明堂二百五十步的地方，400年后唐太宗也亲自祭拜过曹操墓。然而入宋以来，曹操墓渐渐失去了踪影。文人墨客找不到曹操墓，便把目光转向平原上那一座座高大的荒冢。

在河北磁县县城西南一带的丘陵与平原交界处，散布着许许多多的高大封土堆，有的直径100多米，高达几十米。宋代以来的文人来不及研究和细数，便统统安在了曹操头上，"青山为浪入漳州，铜雀台西八九丘"，"疑冢多留七十余"，"尽发七十二疑冢，必有一冢藏君尸"，"一棺何用冢如林，谁复如公负此心"……这些荒冢的主人一经演绎便成为根深蒂固的认识。直到20世纪70年代，这些大大小小的墓冢还被误认为是"曹操七十二疑冢"。以至于1956年河北省公布省级文物保护单位时，将这些墓冢冠以"磁县曹操七十二疑冢"之名。

其实翻阅文献，并不是所有的宋代文人都把邺城以西的荒冢安到曹操

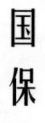

北朝墓群第1号墓冢被认为是齐献武王高欢的义平陵

头上，比如司马光《资治通鉴》记载："太清元年甲申（547年）虚葬齐献武王（高欢）于漳水之西……"高欢是何许人？他是北魏末年的军阀之一，在群雄的角逐中渐渐控制了北魏朝廷。公元534年，孝武帝元修不甘心受高欢的胁迫，带领一部分大臣西奔关中长安，依靠宇文氏集团建立了西魏政权对抗高欢。同年10月，高欢拥立元善见做了皇帝，并把首都从洛阳迁到了曹魏邺城，历史上把这个政权称作东魏。高欢死后，其子高洋废掉元氏政权，建立了北齐。按照《北齐书》、《北史》的记载，东魏北齐政权在邺城的40年间也选择了邺城以西的风水宝地修建皇家墓群，这就与曹操墓不约而同地选择在了一起。既然曹操墓没有高大的封土，那么东魏北齐的皇家墓群会不会就是传说中的曹操七十二疑冢呢？

　　1974年以来，国家文物局先后组织考古部门调查和多次进行抢救性发掘，搞清了这些所谓的曹操疑冢多是东魏、北齐的皇家墓葬群，它们分布在大约200平方千米的范围内，数量也不是72座而是134座。目前可以确定身份的墓葬有东魏元善见墓、元诞墓、元景植墓、司马氏太夫人墓、愍悼王妃李尼墓、茹茹公主墓、尧氏赵君墓、北齐兰陵王高肃墓、高润墓等。发掘的墓葬中出土了大量的北朝陶俑、珍贵的墓室壁画、墓志。此外，辽宁省博物馆还藏有一批清末民国时期从这里盗掘的墓志，为我们准确找到这些墓葬的主人提供了重要依据。1988年国务院正式将"磁县曹操七十二疑冢"更名为"磁县北朝墓群",并公布为第三批"国保"。

清代悲情皇帝的陵寝——崇陵

在清代的诸位皇帝中,光绪帝是最具悲情色彩的一个。他变法维新振兴中华以失败被囚告终,与珍妃的爱情又以珍妃被投井而终结,甚至连他自己都不能善终。1908年11月14日,73岁高龄的慈禧弥留之际还不忘"关照"这位年仅38岁的外甥。更为可悲的是,在光绪被砒霜毒死时,他连自己死后的栖息之所还没有确定,而慈禧的定东陵则是蔚为壮观、富丽堂皇。这对于封建社会的皇帝而言是多么的可悲!

直到1909年,末代清皇室才选定河北易县清西陵金龙峪为光绪修建崇陵。尽管资金短缺,时局动荡,崇陵总体规模有所缩小,但依然继承了清代的建陵规制。除没有大碑楼、石像生等外,整个陵寝根据守卫和祭祀的需要,建筑了五孔桥、巡房、牌楼门、神厨库、三路三孔桥、朝房、班房、隆恩门、燎炉、配殿、隆恩殿、三座门、石五供、方城、明楼、宝顶、地宫。排水、通风设施非常先进,每个宫殿基部都建有2米宽的散水,明楼前和三座门前分别挖砌了御带河,地宫内凿有14个水眼与龙须沟

崇陵隆恩殿

崇陵地宫

相通。

　　崇陵的修建虽经历了改朝换代，但辛亥革命后民国政府仍愿意出资帮助建设，使崇陵地宫于1913年最终建成，停放在故宫观德殿5年之久的光绪梓宫才得以入土为安，病逝的隆裕皇后也同葬地宫。也许上天注定光绪生前与死后都不得安宁，入寝崇陵20余年，他的地宫就被盗掘。

　　1938年秋，一伙盗墓者来到崇陵，他们在方城门券下搭建了房屋，这些痕迹保留至今。盗墓者对地宫结构很清楚，很可能有当年的修陵者参与，他们从月牙城内罩壁前撬开墁地砖石，凿开地下油灰浇铸的城砖，掘一深洞。盗洞高99厘米，宽146厘米，洞深到墓道底墙礴以下23厘米，穿过了封门墙最底层，再向上翻挖便进入地宫隧道券，而后又用杉杆木片拨开各道石门的顶门石，进入金券。1980年考古工作者对地宫进行清理时发现：光绪皇帝的棺椁正面被锤斧凿开一个大圆洞，光绪皇帝的脚被拖到棺外，遗体已腐烂，骨骼尚连为一体，贴身穿的衣服腐烂不堪，残留两节发辫，脚上没有鞋，头上没有冠，随身佩带的装饰以及棺内的所有随葬品全部被盗掘一空，只有左手握有一件翡翠套环和两件玉石。地宫石门上的菩萨雕像依然精美，却保护不了光绪死后的安宁！

　　1961年，崇陵作为清西陵的组成部分，被公布为第一批"国保"。2000年被第24届世界遗产委员会列为世界文化遗产。

其他墓葬

青海乐都柳湾墓地早该成为"国保"

1974年春天,解放军某部医疗队到青海省乐都县柳湾村驻村医疗,一名军医偶然看到村民家中挖水渠挖出的精美彩陶,急忙向文物部门汇报。经专家鉴定,这些彩陶属于距今四五千年前的马家窑文化时期,而埋藏它们的一片大型古墓群也随之浮出水面。此后,国家文物局组织中国科学院考古研究所、北京大学历史系、青海省考古队等单位进行了多年的发掘,共清理墓葬1700余座。

令人吃惊的是,柳湾的发掘如同揭开了一座神秘的彩陶宝库,墓葬中共出土各种形制的彩陶器皿17000件之多,震惊了整个世界。这些彩陶设计精巧、器形多样、构图独特、纹饰繁复、内容丰富。一件裸体人像彩陶壶是我国迄今为止发现最早、最完整的人体塑像。一些彩陶上图案引来人们浮想联翩,如蛙纹是不是代表繁殖能力?旋涡纹是不是古人的指纹呢?一些彩陶上的神秘符号,有的像现在的文字,有的则是简单的几何形,如"+"、"-"、"×"、"丨"等,它们是文字的萌芽,还是记事符号?

通过对这些彩陶的研究,不仅可以了解原始社会工艺美术史的发展演变,还可以揭示出史前柳湾先民的生产、生活及政治、文化、宗教等情况,对研究黄河湟水地区历史文化的演变将至关重要。然而,作为我国黄河流域迄今已知的规模最大且保存完好的一处原始氏族社会公共墓地,柳湾墓地限于当年的贫困条件,无法进行原址保护,只能在提取文物后进行回填。多年来,青海省由于自然环境恶劣、经济基础薄弱、经费短缺,在文物保护上更是捉襟见肘,这处早该成为"国保"的墓地偏偏被落下了。

柳湾墓地的重要性毋庸置疑,然而柳湾先民生活居住在哪里?多年来

柳湾彩陶博物馆所在地即为柳湾遗址区

青海省考古研究所一直没有停止寻找。新千年伊始，青海省在筹建柳湾彩陶博物馆时，意外地在建设区内发现了属于3座房屋，78个大小文化堆积的居住遗址，出土铜器、玉器、石器、骨器、陶器等器物221件。这还仅仅是冰山一角，据估计，这次发掘的1000平方米仅占整个柳湾遗址区的1/280，假以时日，待到整个遗址完整地揭露以后，柳湾先人们日常生产、生活场景将活生生地呈现在人们面前。

2006年，柳湾遗址被国务院公布为第六批"国保"，算是弥补上当年柳湾墓地错过"国保"的遗憾吧！

广武汉墓群，将士遗冢还是居民墓地

山西朔州山阴县西南30千米的张庄乡境内有一处规模不小的汉代墓群。墓群分布在南北长3.6千米，东西宽1.3千米的范围内，目前可识别的墓葬约有290座。作为国内保存最完整、规模较大的汉代墓葬群之一，1988年被国务院公布为第三批"国保"。

朋友们也许很想了解，这处距今千年的墓葬群里究竟埋着些怎样的人，又曾经发生过怎样惊心动魄的故事呢？

广武汉墓群远景

从地理位置上看，广武汉墓群位处勾注山陉口，为华北连接长城内外的重要通道，乃是雁门关要冲。众所周知，雁门关是著名的边塞三关之一，是塞外入关的主要通道，也是历代兵家必争之地。那么，这里会不会是汉代边关阵亡将士的遗冢呢？史载，两汉之际匈奴屡犯中原，这里是中央政府与匈奴交战的主要战场。据统计，在广武雁门关一线共发生重要战争40余起，造成了大量将士阵亡。"秦时明月汉时关，万里长征人未还"，将士阵亡后一般就地埋葬，因此留下规模宏大的墓葬群就不难解释了。但是这一解释也存在着疑点，因为条件所限，埋葬阵亡将士往往都比较简单，墓葬的规模也应该不大。而目前所见到的广武汉墓墓葬规模都不小，现存封土周长在50米以上的就有二百多座，其中最大的一座占地面积达1600平方米，高有15米，似乎在向世人宣告，墓主人生前拥有何等高贵的身份和丰厚的家产。

查当地的历史沿革，广武汉墓群一带在汉代时属雁门郡的阴馆县管辖。阴馆县设立于汉景帝前元三年（前154年），东汉时雁门郡治从善无县（山西右玉境）迁于此。据《太平寰宇记》称："阴馆城今名下官城"，故治即今朔州市朔城区汴子疃乡下官城一带。那么这里会不会是阴馆县达官贵族的墓地呢？2002年，为配合省大运公路建设，山西省文物局在广武汉墓群边缘清理发掘了11座墓葬。其中9座比较完整，3座为西汉时期的竖穴木椁墓，6座为东汉晚期的双室或多室砖墓。1号木椁墓随葬品丰富，有成套的铜礼器鼎、钟、钫、盘等，其他器物有铜镜、铜熏灯、铜灯、贝币、五铢钱、骨制饰件和残碎漆器等。两件铜鼎内还盛有祭祀的肉类。这些都显示出墓主人并不是草草掩埋的阵亡将士，很可能就是阴馆县的高级官吏。但是与之不同的是，3号墓的规模不小，随葬品却少得可怜，而东汉多室砖墓的墓主人数量也与墓葬的规模并不相符，这又是什么原因呢？是不是与频繁的战争有关？目前还不得而知。不管怎样，这些墓葬的发掘对了解和研究广武汉墓群的文化内涵和确切年代都提供了十分重要的实物资料。

北齐太尉徐显秀的奢华生活

山西太原地处晋中，这里夏天基本没有酷暑，最热的7月份平均气温也仅为20多度。由于温度适中，气候宜人，自古便是避暑胜地和军事要塞。

北魏末年军阀混战，高欢在群雄角逐中逐渐脱颖而出，控制了北魏的政权。公元534年，北魏孝武帝元修不甘心受高欢的胁迫，带领一部分大臣西奔关中长安，依靠宇文氏集团建立了西魏。同年10月，高欢拥立元善见做了皇帝，本来他打算把首都从洛阳迁到晋阳（魏晋南北朝时期太原称为"晋阳"），后来考虑到晋阳与洛阳难以照应，于是迁都到邺城，同时把晋阳作为陪都。高欢经常在晋阳和邺城间往返，他自己也死在晋阳。当时许多高官贵族都长期定居晋阳，并长眠于此。

北齐太尉、武安王徐颖就葬在晋阳城的东山。徐颖，字显秀，恒州忠义郡（今河北北部）人。他出生于北地，虽不是名门望族，但自幼侠义，长大以后投奔军阀尔朱荣，后追随高欢左右。由于作战勇猛，屡建战功，逐渐成为高欢的亲信将领，北齐时官拜太尉，被封为武安王。武平二年

(571年），徐显秀死于晋阳的家中，享年七十岁。

亲人们有条不紊地举行丧葬之礼，隆重地将徐显秀送往城东的高大墓冢。他的墓葬精心建造，由斜坡墓道、过洞、天井、甬道、墓室五部分组成。为了将生前奢华的生活排场带到冥间，他准备了大量的陶偶和瓷器、珠宝等物品，并邀请著名的艺术家绘制了大面积的精美壁画。整个壁画分三部分：墓室外是静静等待的仪仗队。通过甬道，两边是执鞭、佩剑站立的仪卫。最后进入墓室，圆形的穹隆顶上绘制苍穹，仰望星空，繁星点点，朵朵莲花点缀其间。北壁正中是徐显秀夫妇，他们坐在帷帐装饰的榻上，塌案上摆满了各式菜肴，尽显雍容华贵，两个侍女头梳双髻，身穿饰以圈状联珠纹的红色长裙，外披窄袖衫，手捧杯盘，恭恭敬敬立于帐前两侧。帷帐外两侧前排是一支8人乐队，右边4名男乐伎，分别演奏铙钹、五弦、曲项琵琶和笛子；左边4名女乐伎，分别演奏响板、竖箜篌、笙和琵琶。

徐显秀墓斜坡墓道

墓室壁画中的徐显秀及其侍从，左一坐于榻上的男子即徐显秀

西壁青罗伞盖下一匹枣红骏马整装待发，骏马前面是4个三旒旗手、佩剑武士和马夫；后面是羽葆执事，捧官印者和肩扛胡床的随从人员。东壁的羽葆华盖之下是一辆装饰豪华富丽的卷棚顶牛车，车前御手正在极力控制躁动的公牛，旁边一胡仆前后照看。车后是一群贴身侍女，分别捧着包袱、梳妆盒和披风，频频回首张望，等待夫人上车。南壁墓门上方绘有一朵硕大莲花，两只威武的神兽头朝下凌空飞翔。整幅作品不受空间格局限制，一气呵成，栩栩如生，气势恢宏，代表了当时绘画的最高水平。

享尽荣华富贵的徐显秀没有想到，他死后的生活并不宁静，宋元时期盗墓贼便进入他的墓室肆意破坏还留下一只使用过的白瓷碗。由于历史上多次被盗，如今的墓冢早已伤痕累累，随葬品所剩无几，仅剩下精美的壁画和浮雕还依稀诉说着徐显秀生前的奢华生活。2006年，徐显秀墓作为太原王家峰墓群之一，被国务院公布为第六批"国保"。

上海涂家汇源于涂光启墓

熟悉上海的人都知道徐家汇，但是鲜有人知道它与明末科学家徐光启有着千丝万缕的联系。

徐光启（1562~1633年），字子先，号玄扈，是上海历史上最有影响的人物之一。他出身寒门，自幼勤奋好学，早年曾在上海龙华寺求学，1604年考中进士，同年选为翰林院庶吉士，最高官至太子少保礼部尚书兼文渊阁大学士。然而身居要职并不是后人纪念他的主要原因，徐光启的伟大功绩在于：作为中国近代科学的先驱，他一生对总结中国传统科学和传播西学作出了卓著的贡献，是中国科学史和文化史上的划时代人物。徐光启最早接触西学是在广东教书期间，他阅读了意大利传教士利玛窦的《山海舆地图》，对西方科学知识产生了浓厚兴趣。1600年春赴北京应试途中，他在南京结识利玛窦成为好友，从政之余虚心向利玛窦学习欧洲的科学知识，并与利玛窦合作，在1607年翻译出了《几何原本》的前六卷，以后又合译出《测量法义》，同时还结合中国传统的《周髀算经》、《九章算术》，撰写了《测量异同》、《勾股义》等著作。徐光启徜徉在中西科学的海洋之中,如同一个饥渴的婴儿吮吸着母乳,如醉如痴。他与西方传教士合作研究天文仪器,主持编译《崇祯历书》;学习西方水利,编成《泰西水法》;重视农业,著有《农政全书》;研究军事,主张用先进的火器装备军队……

徐光启一生为官廉正,学贯中西,终生从事天文、历法、水利、测量、数学、农学等的研究,呕心沥血。1633年11月8日,徐光启病逝,崇祯皇帝闻讯停朝三天,特地为他赐祭,追赠为"太子少保",谥号"文定"。转年,朝廷派遣专使护灵柩归葬上海,暂厝于县城南门外双园别墅,七年后(1641年)葬于现址(城西南徐家汇土山湾西北处),以后其子孙定居于此,地名遂称"徐家汇"。

徐光启墓前原建有华表、牌坊、翁仲、石马等,正中有他与吴氏夫人及四个孙子的墓冢,呈笔架山形,颇有特色。1903年,天主教会增建白色大理石十字架一座。清末以后墓地多有破坏,虽偶有维修但未能恢复原貌。新世纪初,经过曹永康、陈凌、谭玉峰等人的研究,上海市文物部门对墓地进行了全面的修复,作为第三批"国保",徐光启墓的原貌得以重现。

数学家苏步青先生题写的墓碑

十字架后方为笔架山形的墓冢

建筑篇

宫廷府第

城寺合一的美岱召

元朝灭亡后，蒙古政权退回到大漠地区，并长期处于分裂割据状态。明朝中晚期，漠南蒙古的土默特部首领俺达汗（又称"阿勒坦汗"）逐渐崛起，控制了东起河北宣化、山西大同以北，东至河套，北抵戈壁，南临长城的广大地区，并占据青海，甚至一度用兵西藏。四处扩张的同时，俺达汗开始在土默川（今包头市东约80千米）上建设自己的金国王都——"大板升城"，城总体平面布局为不规则的正方形，四周筑有5米高，2~4米厚的城墙，墙体用黄土夯筑，内外表层砌以石块，南北长195米，东西宽185米，总面积约4万平方米。南墙中部开设城门，城墙四角筑有重檐角楼。城内的建筑有"朝殿及寝殿凡七重，东南建仓库凡三重，城上起滴水楼五重"，殿宇楼阁，富丽堂皇，雄伟壮观。

1571年，俺达汗与明朝修好，受封"顺义王"，并开始在库库和屯（今呼和浩特）修建新城，俺达汗的政治中心逐渐由大板升城向库库和屯转移。转年，他受到藏传佛教的影

美岱召城堡南门

美岱召背依青山,景色宜人

响,开始在大板升城内修建"灵觉寺"(清乾隆时改为"寿灵寺")。1578年,俺达汗邀请藏传佛教格鲁派(黄教)活佛索南嘉措在青海会面,他们在政治上彼此推崇并互赠尊号。俺答汗赠给索南嘉措"圣识一切瓦齐尔达喇达赖喇嘛"的尊号,意思是"超凡入圣"、"学问渊博犹如大海一般的大师",自此有了"达赖"的名号。索南嘉措也向俺达汗回赠了"法王大梵天"的称号。到1583年去世前,俺达汗在大漠南北广建格鲁派寺院,大板升城也逐渐改建成一座格鲁派寺院。大雄宝殿是该寺最为宏伟的建筑,殿内壁画场面宏大,工艺精美,具有浓厚的民族特色。大雄宝殿之东有太后庙,世传为供奉俺达汗夫人三娘子骨灰的灵堂,其西为护法殿,北部还有十八罗汉庙、观音殿、琉璃殿、八角庙、万佛殿及达赖庙等建筑。

灵觉寺因何被称为"美岱召"呢?这与西藏麦达力活佛有关("美岱"和"麦达力"都是音译)。格鲁派与蒙古建立密切联系以后,为了继续扩大在大漠地区的影响,索南嘉措圆寂后,西藏僧界把俺达汗的曾孙云丹嘉措寻认为他的转世灵童,是为四世达赖,他也是迄今达赖喇嘛中唯一的蒙古人。1602年，14岁的云丹嘉措到拉萨哲蚌寺坐床，这样蒙古地区便缺少了宗教领袖，为此，西藏僧界特派麦达力活佛来蒙古掌教。因麦达力活佛曾在灵觉寺坐床，人们便俗称灵觉寺为美岱召。

美岱召的迷人之处在于它依山傍水，是一座典型汉式，并融蒙、藏风格，集城堡、宅邸和寺庙为一体的建筑群。它作为明代蒙古土默特部的都城，同时也是藏传佛教格鲁派传入蒙古所建立的第一座寺院，在研究明代蒙古史、佛教史、建筑史、美术史上都具有重要的价值。1996年被国务院公布为第四批"国保"。

南京瞻园——徐达府邸"西圃"

徐达，字天德，濠州钟离永丰乡（今安徽凤阳东北）人，是朱元璋儿时的玩伴，后追随朱元璋削平割据群雄，推翻元朝统治，为朱元璋开创明皇朝立下了盖世之功，被誉为明朝"开国功臣第一"。

徐达长期担任最高军事统帅，身经百战，功勋卓著，"以智勇之资，负柱石之任"。然而这位功勋卓著的将军却一直没有自己的住宅，长期与士兵们同甘共苦，同席共枕。最后朱元璋看不下去了，决定将自己的居住的旧邸赐给徐达。古代君臣有别，徐达自然深知其中的道理，坚辞不就。朱元璋便命令在自己的旧邸前治甲第，将东抵秦淮河畔、西至今中华路的土地赐给徐达建魏国公府。后来徐达的子嗣继续大兴土木，从洞庭湖一带征集湖石，从蜀地购买木材，从江苏浙江一带征集名木花卉，"依山筑基，引流为沼"，修建了紧邻府邸的"西圃"花园。花园布局典雅精致，有宏伟壮观的古建筑，有陡峭峻拔的假山，有闻名遐迩的太湖石……园虽不大，却颇具特色。

明代文学家王世贞这样描绘"西圃"："访所新治轩者而憩焉，其丽殊甚。而忱水西南二方，皆有峰峦百叠，如虹攫猊饮，得新月助之，顷刻变幻势态殊绝时，……右折而上，逶迤曲折，叠蹬危峦，古木奇卉，使人足无余力，而目恒有余观。下亦有曲池幽沼，微以艰水，故不能胜石耳！……至后一堂极宏丽，前叠石为山，高可以俯群岭，顶有亭尤

乾隆御题瞻园匾额

瞻园一角

丽。……春时烂漫若百丈宫锦幄。"通过文学家的笔墨不难看出，此时的"西圃"已是金陵园亭之冠。

明末，魏国公府遭遇火灾，"西圃"幸免于难。清初将西圃改为政府衙门，乾隆皇帝南巡时，西圃作为行宫再次大兴土木，"迎銮重起阁，避雨更添廊"。并在园内植牡丹、芍药、池莲等名贵花木，园中有石坡、梅花坞、平台、老树斋、竹深处、木香廊等十八景之胜。乾隆皇帝观后龙心大悦，以欧阳修诗"瞻望玉堂，如在天上"而命名"瞻园"，并亲笔题写了"瞻园"匾额。此后，瞻园由盛及衰，多次遭遇兵燹和重修，新中国成立前已沦为杂院，荒芜不堪，园景大不如前。1960年，经中国著名古建专家刘敦桢教授整修，瞻园逐渐恢复昔日的园林景象。如今的瞻园已逾600岁高龄，她犹如秦淮河畔的一颗明珠，以深厚的文化内涵和历史价值熠熠发光。2005年，被国务院公布为第六批"国保"。

香格里拉中心镇公堂——改土归流的历史见证

"改土归流"是件历史大事，相信喜读清史的朋友一定不会陌生，因为它与叱咤风云的雍正皇帝密不可分。

香格里拉中心镇公堂，现已辟为红军长征纪念馆

即位之前，四阿哥胤禛早已耳闻西南少数民族地区的土司制度。这项由当地民族首领管理民族事务的初衷无疑是好的，但经历了数百年的统治后，很多地方土司早就积习难改，他们世袭罔替，鱼肉百姓不算，还不断争权夺利，相互劫掠滥杀无辜，危害边疆的稳定。不仅如此，这些大大小小的土司如同一个个独立的王国，他们拥有自己的武装，甚至公开抗命朝廷，攻击边疆的守军。是可忍，孰不可忍？雍正即位以后，西南各省地方

官员纷纷上奏,要求中央委派"流官"替换地方的土司,加强中央管理。这些奏折坚定了雍正的决心,他果断任命刚正不阿的大臣鄂尔泰为云贵总督,着手解决这一重大难题。鄂尔泰软硬兼施、刚柔并济,改土司领地为州、府、司、县等,由中央政府委派有任期、非世袭的流官直接在原土司领地上进行管理,实行和内地一样的制度。

云南迪庆香格里拉(原中甸县)地处滇、川、藏交通要冲,自古就是茶马古道的重镇,这片美丽的草原在雍正二年(1724年)实施"改土归流"。同年,为了方便议事、集会和举办佛事等活动,新管理机构在县城中心、大龟山脚下兴建了一座三层高的标志性建筑,这就是远近闻名的中心镇公堂。

公堂又称"藏经堂",坐北朝南,平面呈正方形,面阔进深各14米,建筑面积近500平方米。建筑风格融汉藏于一体,外观呈汉式风格,木构架斗拱结构,三重檐歇山顶,盖青铜板瓦,屋顶饰有吻兽和宝瓶。楼四周设环廊,环廊上开圆窗,内侧东、南、西三面皆有格扇门。公堂内部布局显藏式风格,有40根方柱纵横对称排列其间,其中两根16米高方柱直通楼顶,内壁采用藏式金刚杵柱、金刚梁建成,四壁满绘藏传佛教壁画。建成后的公堂历经磨难,清末焚毁又重建。1931年,四川乡城土匪在中甸县城烧杀抢掳,中甸城内的自卫民团和群众百余人退守中心镇公堂英勇抵抗,奋战三十四昼夜,保卫了中甸人民生命财产。1936年,红军第二方面军长征路过中甸时,这里曾作为贺龙元帅的司令部。1983年经过维修的公堂恢复了往昔的风采。作为香格里拉历史的见证,1996年被国务院公布为第四批"国保"。

云南木氏土司衙门

在云南土司的历史上,丽江纳西族首领木氏土司接受汉文化最早,在西南诸土司中以"知诗书,好礼守义"而著称于世。木氏先祖本不姓木,因阿甲阿得明初归顺朱元璋而钦赐姓"木"并以"世袭土官知府"的身份统治丽江,代代承袭一直到清雍正"改土归流",延续约470年。木氏土司府位于丽江古城西南隅，曾经是一片气势恢宏、蔚为壮观的建筑群。徐霞客曾赞叹道："宫室之丽，拟于王者"，可惜木府大部分建筑清末毁于兵火。如今我们在丽江看到的木府几乎都是近十几年以来重修的，那么到哪里能一睹木氏土司当年的建筑遗风呢？

丽江县城大研镇北约10千米的白沙乡是木氏土司的家乡，这里现存的琉璃殿、大宝积宫、大定阁、束河大觉宫等寺院均保存有当时的建筑和壁画，尤以壁画为精，是我国壁画史上的一朵奇葩。1996年，琉璃殿和大宝积宫被国务院公布为第四批"国保"。

琉璃殿外檐斗拱

由于阿甲阿得崇信佛教，他在赐姓木得后不久便开始建造琉璃殿。琉璃殿平面正方形，面阔两间，重檐歇山顶，营造作法很有特点。我国著名古建筑专家刘敦桢先生在考察丽江古建筑后，曾这样记述和评价："……上檐七踩三翘，第一跳施幅云，托于前承外拽枋，另于坐斗两角，各出科拱，上置斜三幅云，托外拽枋下。第二跳仅施三幅云一具，承外拽枋。第三跳直接承于挑檐下，无厢拱。就今日已知资料，国内建筑以三幅云瓜拱者，仅见于北平明长陵之屏门。其以斜三幅云承托外拽枋，无有早于此殿者。"琉璃殿内壁外侧，残存壁画十余幅，其旁题记有木得儿子中顺大夫土官木初、太中大夫资治少尹知府木嵚、奉佛世袭男木定、奉佛土官知府世袭木旺、奉佛长孙木增等。大宝积宫建于明万历十年（1582年）土司木旺任内，平面方形，面阔三间，重檐歇山顶。宫内保存壁画12幅，是丽江现存壁画中规模最大，保存最完整的部分。12副壁画中以正壁《大宝积经无量寿如来会》最大最精美，高3.67米，宽4.98米，表现了无量寿如来聚集圣众说法的场面，气势磅礴，人物众多，形象生动，笔法细腻……

壁画内容兼容藏传佛教和汉传佛教题材，以及某些道教题材，体现出这里显密双修、佛道融合的多元文化特色。同时，汉族画师马肖仙以及藏、纳西、白族的优秀画师共同参与了壁画的绘制，体现了多种艺术风格的融合，在艺术史上具有重要的价值。

忠王府——曾被取消"国保"资格

1860年春天，和煦的阳光泼洒在紫禁城的角角落落，红墙黄瓦烘托出一派温暖祥和，可是咸丰皇帝却一丝一毫也感受不到，他如坐针毡。此时英法联军正在虎视眈眈地盯着大清王朝，而国内平定太平天国的"叛乱"也让他一筹莫展，那里不断有不利的消息传来。曾国藩的江南大营被攻破，江南的许多地方都不再归属爱新觉罗，他们现在有了新的统治者——洪秀全。最让咸丰帝头疼的还有洪秀全手下的一员大将——忠王李秀成，他出身贫寒却骁勇善战，几乎所有不利于清军的战事都与他有关。秋天，李秀成又攻克了苏州，并很快开始修建自己的王府，看来要长期定居了。当然，咸丰已经顾不上这些，在英法联军进逼北京时逃往热河行宫

忠王府现存门厅

（承德避暑山庄），转年便背负着丧权辱国的痛苦一命呜呼。

此时紧邻苏州拙政园的忠王府已经建设得蔚为壮观，好一片官署、庭舍、园池"绵亘里许"的宏伟建筑群。不过李秀成并没有享受几天好日子，他东讨西伐、南征北战。好景不长，到了1863年12月，李鸿章又率清军夺回苏州。一进忠王府，李鸿章便被太平天国的公然"僭越"皇权震惊了。忠王府的主体即中路的官署，是按太平天国王府的规制修建的。中轴线上自南而北依次有照墙、大门、仪门、正殿、后堂、后殿等，纵深约140米。大门面阔三间，左右翼以"八"字墙，前踞石狮，气势不凡。门后为石板铺墁庭院，东西廊庑各宽七间，隔庭相对。其后是正殿，与后堂连结为一整体，平面呈"工"字形。后殿为太平天国供奉天父天兄神主、举行礼拜仪式的地方。建筑内外，目光所及，到处都装饰着象征皇权的龙凤图案，一眼望去，大门、仪门的额枋和正殿的额枋、步桁、脊桁绘有"双龙戏珠"、"祥云团龙"、"丹凤朝阳"、"凤穿牡丹"等，正殿内十四扇海棠花格心长窗下裙板浮雕云龙，绦环板饰以云凤纹……愤怒之余，李鸿章赶忙命令属下涂改龙凤图案，同时还拆除了忠王府的东西辕门、角楼、鼓吹亭，改大门为清代衙署样式。

1864年太平天国首都南京失守，李秀成被俘，遭受酷刑殉国。太平天国失败后，建筑大多被毁，而忠王府虽经改动，整体布局仍保留完好，除龙凤之外的各式彩绘、雕刻也基本保存，成为中国目前保存规模最大的太平天国王府建筑，具有珍贵的历史、科学和艺术价值。1961年，国务院将其公布为第一批"国保"。

由于李秀成被俘后，曾写下了数万字的供词（《李秀成自述》）。这也成为学者们研究太平天国历史热议的对象。然而，这种正常的学术争鸣在1964年被引入歧途，有人断言忠王不"忠"，是个"叛徒"，其《自述》是一本背叛太平天国革命事业的"自白书"。于是，李秀成遭到了激烈的批判，他在苏州建立的忠王府也受到连累而被撤销了"国保"的资格。直到"文革"后，忠王府"国保"名誉才得以恢复。

赵朴老出生的四代翰林太史第

人们常常看到赵朴老的书法,听闻他的佛缘和善举,但是很少有人知道赵朴初先生出生的故居竟然是一处"国保"。

安庆市迎江区天台里街有一处称作"世太史第"的古建筑群,占地4000多平方米。建筑群坐北朝南,分东、西两条轴线,东路四进,西路三进,沿两条南北走向中轴线规整排列。每进两侧由厢房或回廊贯通。

赵朴初故居"世太史第"

西路的北面建有后花园,有六角亭、荷花池、假山、碑廊等,与建筑群组成了和谐的整体,风格既融北方的恢宏,又兼徽州的细腻,具有独特的建筑特色。

这处宅邸最初与赵家并无关系,明万历年间由山东布政使刘尚志修建,他的后人转卖给怀宁都御史杨汝谷。太平军攻占安庆后将这处宅邸充公,几年后曾国藩的湘军又把这里作了粮台。

赵氏先祖出身寒门,与桐城张氏、怀宁邓氏一样都是元末明初从江西躲避战乱迁徙而来,在安庆太湖县定居,经过多年的勤奋努力,赵朴初

世太史第后花园

太高祖赵文楷考中状元，嘉庆授翰林院修撰、实录馆纂修、文渊阁校理等职。他曾持节东渡，宣封琉球国尚温袭王位。出使琉球期间，赵文楷恪守严规，谢绝尚温的厚赠，深为琉球朝野称赞，"廉洁之声，著于海外，举国敬礼"。赵文楷的小儿子赵畇于道光年间考中进士，授翰林院编修，与李鸿章同朝共事。1863年12月，赵畇将次女赵继莲嫁给李鸿章，次年11月赵畇回到安庆，由于老房子被太平军破坏，暂时借住在李鸿章弟弟李蕴章家里，很快购得天台里街的这处宅邸，经过精心设计和修缮，成为赵氏府第。由于赵畇长子赵继元和长孙赵曾重也先后授翰林，因此李鸿章曾亲笔为赵氏府第题写"四代翰林"金字匾额。明清两代，修史之事由翰林院负责，因此翰林也有"太史"之称。赵氏府第也就成为了"世太史第"。

  1907年11月5日，赵朴初便诞生于世太史第的东厢房内，20世纪30年代初，赵朴初与汪棣华结婚，曾在这里度蜜月。"花落还开，水流不断。我兮何有，谁欤安息。明月清风，不劳寻觅"。2006年，世太史第被国务院公布为第六批"国保"。

南浔懿德堂

成立于清末的"西泠印社"以研究金石、篆刻、书画闻名于世,除了历任社长吴昌硕、马衡、张宗祥、沙孟海、赵朴初、启功等名声显赫外,它的发展壮大还有赖于社会各界人士的赞助支持,清末民国的张钧衡即是其中之一。

张钧衡(1872~1927年),字石铭,号适园主人,浙江南浔人。南浔地处太湖南岸,地势低洼,河港纵横,漾荡密布,历史上就是"无船路不通"、"无桥路难行"的典型江南水乡。在晚清同治、光绪年间,南浔出现了一个以经营丝、盐业发家的豪富集团,为世人瞩目。当时人们以"象"、"牛"、"狗"等动物来形容他们财产的多少。"象"指百万以上的豪富,"牛"指五十万至百万的富翁,三十万至五十万的则称为"狗"。当年仅"四象八牛"的总财产就约计七八千万,相当于19世纪90年代初清政府的年财政收入。张钧衡就是"四象"之一张颂贤的长房长孙,原国民政府浙江省主席张静江的堂兄,以雄厚的资财和藏书刊刻闻名

懿德堂正厅

西洋楼

于世。

1907年，张钧衡在故乡购买了宅邸，并加以改造成"懿德堂"。这所大宅占地面积五千余平方米，坐西朝东，临街面河，有五落四进和中、西各式楼房244间，建筑面积六千多平方米。整座宅院由中式传统建筑、西洋式建筑组成。中式传统建筑位于宅院东部，按3条轴线分布，北侧正厅腰门上有吴昌硕手书的匾额"世德作求"和吴淦题写的匾额"竹苞松茂"，"懿德堂"匾额由甲午状元、南通实业家张謇手书，后院的二层玻璃窗镶嵌的是法国进口的刻花兰晶玻璃，图案是菱形的四时花卉鲜果，蓝白相间，洁净高雅；西式建筑位于中部，由3座巴洛克风格的红砖楼房组成，罗马柱、法国地砖、花卉铁艺、蓝色刻花玻璃都是典型的欧洲风格，一层内设舞厅，舞厅内有乐队舞台和衣帽间，墙面、地面均镶嵌马赛克。兴趣所致，张钧衡专门在宅邸西侧新建了一座园林，取名"适园"，其中"六宜阁"为其藏书之所。之后，在长子张乃熊、孙子张珩（现代著名书画鉴定家，新中国成立后，任职于文化部文物局）的努力传承下，珍贵藏书达到了1200部，其中仅宋刊本就有88部，元刊本74部。1941年，为防止这些珍贵古籍遭受日寇抢掠，张乃熊将藏书捐赠给中央图书馆，这批书也成为今天台湾"中央"图书馆古籍善本书库的基本库藏。

如今，"适园"已毁于战火，仅存故居"懿德堂"。由于整座建筑群不仅体量大、规格高，且融汇中西建筑风格，既有晚清儒商巨宅的代表性，又有近代欧式建筑的开放性，结构恢弘，风格奇特，工艺精湛，具有很高的文物价值。2001年被国务院公布为第五批"国保"。

城墙关堡

天下第一烽火台

长城对于国人再熟悉不过,作为古代规模最为宏大、完整的军事防御工程体系,它又可以分为城墙、关隘城堡、烽火台等部分,各自发挥着不同的作用。烽火台当然不是作为"戏诸侯"之用,它是警戒和传递军情的设施。大的还兼有驻军和御敌的功能,小的甚至连燃放烽火的蓬草都放不下,只能作为瞭望哨罢了。那么大的到底有多大呢?我们不妨一起去看看长城上最大的烽火台——镇北台吧!说起它的修建,还要从一个著名的事件讲起。

镇北台下的款贡城,当年曾经是边关的集市

明中期，蒙古尤其是河套地区的土默特部日益强大，与中原的关系较为紧张。隆庆年间，张居正任宰相后，一直寻找与蒙古改善关系的机会。隆庆四年（1570年），土默特汗王俺答汗之孙把汉那吉因自己喜欢的一位姑娘被爷爷许配给了另一部落的首领，一怒之下投靠了明军。明廷借此机会以礼相待，取得了俺答汗的信任，双方休战和好。次年，隆庆皇帝下诏，封俺答汗为顺义王，并批准了在长城沿线多处开辟市场，同蒙古人进行贸易，开设互市。这就是历史上有名的"隆庆议和"。从此长城沿线便热闹起来，互市每年以一月为限，每逢互市期，蒙古牧民便骑着马、赶着牛、驮着各色皮毛和金银制品，中原商人则携带大量绸缎、布匹、铁锅、铁釜等制品从四面八方汇聚而来。一时间万骑辐辏，人声鼎沸，牛马嘶鸣，塞北边关往日的沉寂瞬间消散。

蒙汉互市总是能够在和平友好的气氛中进行，当然，为了防止有人捣乱，双方都派有部队保护。明军在市场内进行看管，蒙古兵则驻扎在市场之外。到了万历年间，时任延绥镇（今陕北榆林）巡抚都御史的涂宗浚不

威武雄壮的镇北台全景

放心自己镇守的红山市，于是奏请朝廷修建了镇北台。工程花费颇大，历时一年零三个月，到万历三十六年七月（1608年）才得以竣工。涂宗浚非常高兴，邀请众同僚登台观望。这是一座何等宏伟的建筑，上下共分四层，通高30余米，逐层收进，如一座方形的宝塔镇守在红山之巅。从东南城门进入台内，可以看到每层都筑有女墙、垛口、望孔、射口等，层与层之间设有券洞、砖石踏道连接，一层还铺有马道，方便骑马巡查。登上顶层，高大的驻守瞭望建筑威严高耸。在这样高大的烽火台上，四周数十里尽收眼底。向下可以俯瞰红山市的热闹场景，向南可以眺望榆林古城，向北则饱览塞外的大漠风光，不禁激发出众人"向明"的赤胆忠心和戍边报国的拳拳之心。

镇北台结构严谨，内部用黄土逐层夯筑，外部以条石做基础，用长40、宽20、厚8厘米的大砖砌筑而成，砖缝则用白灰加明矾糯米汁黏合，上下浑然一体，坚固耐用。荒废后逐渐受到风沙侵蚀，20世纪90年代得到全面修缮，2001年，被国务院公布为第五批"国保"。

一片石关九门口

　　一片石战役在中国历史上可谓意义重大，明末李自成和吴三桂曾大战于此，由于李自成占领北京时霸占了吴三桂的爱妾，这次又挟持了他的父亲。吴三桂被逼之下向满清多尔衮投降，剃发联姻。在一片石合力击败了李自成，这一仗也开启了清朝入主中原、建立统治的大幕。

　　一片石距离山海关不远，位于今天辽宁与河北省的分界处，属辽宁绥中县境。这里群山环绕，大河雄踞，地势险要，自古以来便是交通要道和易守难攻的隘口。据文献记载，此地北齐年间已经开始修建长城，明洪武十四年（1381年），大将徐达主持修建蓟镇长城，其后又进行多次修建，才形成了今天一片石关的规模。

　　一片石关最具特色的就是跨河长城的部分。在百米宽的九江河河道上，长城既要抵御敌人的侵犯，又要不妨碍河水的通过。经过深思熟虑，工匠们采用城桥的形式，把城墙分为上下两部分，上半部与陆地上的长城一样，下半部则设计成桥的样子，用巨大的条石包砌起八个梭形桥墩，形成九个水门。这些水门原来都安装有门，汛期可以打开泄洪，枯水期和战时则关闭。

九门口长城全景

九门口长城与九江河浑然一体

为什么叫做"一片石"呢？这也与跨河修建长城有关。为了使水中基础部分牢固，避免在流水的冲刷下损坏，基础全部用方整的大石块铺成，石与石间用铁腰咬合，然后浇注铁水凝固以后把石头固定在一起，形成规整的石铺河床，望去犹如一片石头，故而得名。而"九门口长城"的名字则来自桥下的九个"断魂"的水门。"十门少一门，门门断人魂，要想出一门，十人九断魂"，当地的顺口溜也警示过往来客，这里作为"京东首关"，岂容随意通过！

"城在水中走，水在城中流"，历史上作为军事防御的水中长城如今已经变成了一组构思精巧的艺术品。由于九门口长城气势磅礴、雄伟壮观，与群山奔流融为一体，堪称自然景观和人文景观的完美结合，1996年被国务院公布为第四批"国保"，2002年作为长城的典型代表，被联合国教科文组织列入世界遗产名录。

近年来九门口长城出土了明代的铁炮、石炮，不知它们是否参与过一片石战役，亲历了那场惊心动魄的历史大战呢？

归德府城墙见证桃花扇落

《桃花扇》的凄美爱情故事誉满天下，故事的主人公都是当时的名人，一个是"清初文章第一家"的侯方域；另一个是"秦淮八艳"之一的李香君。侯方域家是河南归德府（商丘）的官宦世家，他的祖父曾担任太常寺卿，父亲是户部尚书，叔父担任南京国子监祭酒。明崇祯十二年，侯方域到南京应试，与李香君一见钟情，以家传宫扇作为信物赠予香君。然而好景不长，清军入关，明朝阉党迫害侯方域，企图拆散两人，李香君不从，血溅桃花扇。侯方域也被李香君凛凛风骨和忧国忧民的民族气节所感动，据说二人劫后重逢，携手返回归德府。

商丘古城平面模型

归德府城墙（商丘古城）建于明正德六年（1511年），距今已有近500年的历史。古城由城墙、城湖、城郭三部分构成，空中俯视，外面土筑的城郭呈圆形；内侧砖砌的城墙呈方形，外圆内方，象征天圆地方。外阳而内阴，整个城池便代表着天地阴阳，代表着天人合一，这是中国传统文化的精髓所在。

外圆内方又是中国古钱币"圆形方孔钱"的造型，因此整个古城的形状还有招财进宝之意。归德府城墙规划严整，布局合理，1986年，被国务院公布为全国第二批历史文化名城，1996年，被国务院公布为第四批"国保"。

归德府外郭周长约9千米，底宽20、顶宽13、高3.3米，距城墙约500米。外郭与城墙之间是宽阔的城湖，碧波荡漾，环绕着全城。这里也是商丘千年历史的蕴藏之所。唐代的睢阳故城，宋代的南京城和元代的归德府都叠压在湖下。城墙周长3.6千米，有东、西、南、北四门。城门为拱券式，至今保存完好。东门称宾阳门，西门为垤泽门，南门叫拱阳门，北门曰拱辰门。四门外原有四个瓮城，"四门八开"，可惜民国时期被拆毁。

城内地势为龟背形，向南侧倾斜。城内面积1.13平方千米，93条街道

商丘古城内的街道和建筑，壮悔堂就位于其中

形如棋盘，笔直的中轴大道贯通南北门，而根据五行相克相生的理论，东西两门相错。东门偏南，西门偏北，错开一条街道。城内原有水井、厕所为梅花瓣形，构思巧妙。建筑多为走马楼和五门相照的四合院形式，院落鳞次栉比。侯家的宅邸就位于其中。

侯方域的书斋名为"壮悔堂"，二人即相守于此。据说，后来香君的歌妓身份暴露，不为侯家所容，忧愤而死。侯方域为她修墓立碑，伤心欲绝道："卿含恨而死，夫惭愧终生。"也许香君血溅的桃花扇也随葬其中吧！

天安门广场原是"T"字形

天安门始建于明永乐十五年（1417年），是明、清两代皇城的正门。它原名"承天门"，取"承天启运"、"受命于天"之意。清政权入主中原后，全国各地的反抗斗争此起彼伏，为了求得"长治久安"，统治者除采取各种镇压和怀柔策略外，还虔诚地在城门、宫殿的名称上大做文章。将"承天门"更名为"天安门"，既涵盖原意，又增加了"安邦治国、国泰民安"的思想，此外还将紫禁城内的"皇极殿"、"中极殿"、"建极殿"改名为"太和殿"、"中和殿"、"保和殿"，这些名称也都沿用至今。

天安门由城台和城楼两部分组成，总高34.7米。汉白玉须弥座上城台开有五个券门，城楼为重檐歇山顶楼阁，面阔九间，进深五间，屋面黄色琉璃瓦，木构彩绘贴金，地面铺墁金砖。城门前金水河上飞架五座精美的汉白玉石桥，各有名称，通称为"金水桥"，两侧蹲踞雄狮、矗立汉白玉华表。整个城门庄严雄伟，金碧辉煌。

历史上天安门曾两遭劫难，明天顺元年（1457年）遭雷击起火被毁，后来重建。1644年，李自成进北京，天安门再次被焚，顺治八年（1651年）重修。新中国成立后又重修了城楼、加厚了城墙，才成了我们今天看到的样子。

作为皇城的正南门，天安门与皇城北门的地安门，紫禁城午门、神武门，内城正阳门，外城永定门等都是北京中轴线上的重要地标性建筑。与今天天安门前宽阔的长安街不同，这里从前是个"T"字形封闭的宫廷

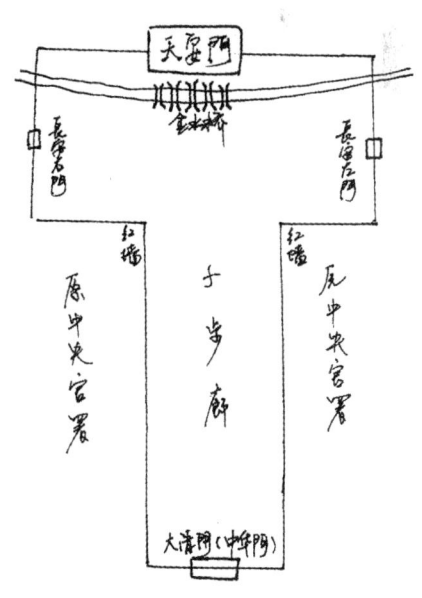

民国时期天安门"T"字形广场示意图

广场,东西建有长安左门和长安右门与内城想通。一条笔直的中心御道贯穿南北,御道两侧筑有红墙,向南一直延伸至大清门(中华民国时改为"中华门",后在此位置建设毛主席纪念堂),从这里到天安门有千步距离,所以又称作"千步廊",其东西两侧是中央官署。对老百姓来说,明、清时期的天安门绝对称得上是禁区,不要说擅自入内,哪怕只是探头一看,即犯"私窥宫门"的重罪,格杀勿论。

1911年辛亥革命以后,紧闭的长安左、右门开放通行,天安门前变成了交通畅行的要道,天安门广场也就成为人民的广场。新中国成立后,为了方便交通、扩建广场,提出了拆除长安左、右门、中华门和围墙的计划,尽管梁思成、林徽因等先生广泛呼吁,但在当时社会主义改造的火热形式下仅仅维持了几年……

明代私家抗倭城堡——永昌堡

温州市东南24千米的永中镇新城村是一片典型的浙南临海水乡,这里水网纵横,土地肥沃,很早便有人居住。不知从何时起,王氏族人开始在此聚居,他们勤劳勇敢,人才辈出,靠自己的双手耕田盖房,雕刻木器,加工石材,织布印染……大家集资兴建的王氏宗祠每年都要举办迎神祭祖活动,每逢节假日家家户户张灯结彩,将上、下河照得灯火通明。

明中期水乡祥和宁静的生活被打破。嘉靖年间,日本倭寇猖獗袭扰东南沿海,尤其是温州一带。据统计,自1553~1563年短短11年间,温州遭倭患28次之多,每年因此而死的人不少于3万。为了保家卫国,王氏宗族奋起抵抗,他们的组织者是王沛和王德叔侄。他们先后组织起千余人的抗倭队伍,在战斗中身先士卒,多次痛击倭寇。1558年,倭寇再次入侵时,叔侄二人在战斗中壮烈牺牲。王德的侄子王叔果、王叔杲两兄弟继承抗倭事业,他们决定建造一座坚固的城堡以长期抵御倭寇。为此,族人父老乡亲共筹得黄金7000余两,经过缜密的规划设计,于当年12月开始紧张的施工,不到一年,一座雄伟壮观的永昌堡即拔地而起。

整座城堡南北长738、东西宽445、周长2366米。堡外四周有护城河

永昌堡王氏宗祠

环绕。堡墙以石块垒砌、杂土夯填，高8米，设有四座城门、四座水门。堡内布局合理，二渠贯穿南北，可通舟楫，渠上架有数座石桥；街道和河渠大体上呈"井"字形，主要建筑沿街道、河渠而筑；宗祠、住宅大都是封闭式的院落，建筑沿中轴线布局。为了抵抗倭寇，城堡设城堞908个，敌台12座，具有极强的防御功能。堡内还有水田可在敌人长期围困时生产自救。永昌堡修建以后，成为东南沿海的一座抗倭重地。在军民的同仇敌忾之下，嘉靖末年东南沿海倭寇基本被肃清。王氏宗族又恢复了往日的祥和宁静，他们在堡内繁衍生息，陆续兴建了许多重要的建筑：如隆庆朝都察院佥事都御史王诤的故居——都堂第（始建于1570年）；万历朝的布政司祠和世大夫祠；万历朝武状元王名世故居——状元第（始建于1598年）；清末教育家王绍志故居等，永昌堡也成为明清时期温州一带的文化中心。

永昌堡东门"环海楼"

近代以来，由于缺少规划，永昌堡整体风貌逐渐遭到破坏，堡内多数古建筑被改建，房屋拥挤，环境杂乱。这个曾经在倭寇面前英勇不屈的城堡，今天又将面临着人口、环境、交通、消防、文保等难题的挑战!

友谊关——中越友谊的桥梁

近来，中越关系又因南海问题趋于紧张，感慨之余不禁想起了中越人民友谊的桥梁——友谊关，愿它能化干戈为玉帛，为两国人民带来和平和安宁。

作为中国古代九大名关之一，友谊关是中国南部边界最重要的关隘，有"南疆要塞"的美誉，历来为兵家必争之地。清末冯子材、苏元春等痛击法国殖民者的"镇南关大捷"、孙中山先生领导的"镇南关起义"都发生在这里。

这里山峦重叠，谷深林密，扼大青山、金鸡山隘口，易守难攻，早在西汉元鼎六年（前111年）就已经设关。明清时期，友谊关由关城、两侧城墙和炮台群组成。明时关城上设昭德台，清时改建关楼一层，门两重，贯以通道，外层额书"南疆重镇"，内层额书"镇南关"。1884年中法战争后，苏元春又重建二层关楼，底座为砖券结构，其上建有两层关楼，木结构悬山顶，关城内还增建关帝庙和纪念镇南关战役牺牲清军的昭忠祠。颇具讽刺意味的是，光绪年间知府甘汝来重修关城，拆掉关帝庙和昭忠祠，改建了一幢法式建筑"法国楼"。抗日战争时期，日军由越南进犯广西，三次占领镇南关并将关城焚毁。新中国成立后，关城得以重建。重建关楼为三层回廊式楼阁建筑，钢混结构，通高22米，显得更加庄严恢弘。关城两侧城墙一直护卫至大青山和金鸡山隘口，凭险高筑。金鸡山系镇南关第一天险，它有三个山头，呈鼎足之势，镇南关大捷后，苏元春为了加强中越边界防务，特在每个山头建了一个炮台，名为镇北、镇中和镇南台，其中以镇北炮台地势最高。三个炮台均以青石砌筑，其下设有地下营垒，供屯兵和粮草，工事十分坚固，形如一把张开的弓，面向不同方向，击尾则首应，攻彼则此援。同时，三座炮台配置当时最先进的德国克虏伯120毫米加农大炮，炮车轨道可旋转180°，炮弹覆盖范围非常大，极具攻击力。据说，当年仅将克虏伯大炮从山底运至山顶就花费9个月时

友谊关关楼，关名为陈毅元帅题写，拱门内可见的建筑为"法式楼"

间，整个工程延续10年之久，凸显镇南关的重要地位。关城、城墙，再加上两山山腰和山巅的炮台群，互相拱卫，形成了一座完整、坚固的军事防卫系统。

  两千多年以来，友谊关多次变更关名，最初叫雍鸡关，后改名界首关、大南关，明初改为镇南关，1953年更名为睦南关。作为中越人民共同抗击外辱的战斗地，这里也是两国政治、经济、文化交流的重要通道，周恩来总理和胡志明主席曾两次在关楼会晤，共叙两国友谊，为此，1965年睦南关正式更名为友谊关，时任国务院副总理兼外交部长的陈毅元帅题写了"友谊关"关名。2006年，友谊关被国务院公布为第六批"国保"。

园囿楼阁

江南三大名楼并非都是"国保"

湖南岳阳楼、武汉黄鹤楼、南昌滕王阁合称"江南三大名楼",个个声名显赫,然而在"国保"的名单上却仅见岳阳楼,原因何在?

宋代滕子京重建岳阳楼模型

清代重修岳阳楼与宋代有很大区别

难道黄鹤楼、滕王阁没有岳阳楼有名？显然不是。"昔人已乘黄鹤去，此地空余黄鹤楼。黄鹤一去不复返，白云千载空悠悠"。"落霞与孤鹜齐飞，秋水共长天一色"！"先天下之忧而忧，后天下之乐而乐"等为三大名楼创作的文学经典，早已成为国人代代传诵的千古名句、不朽诗篇。

三大名楼历史悠久，据考证黄鹤楼、岳阳楼始建于三国时期，最初是出于军事目的；而滕王阁始建于唐代，是滕王李元婴修建的一处临江别墅。由于地处江湖之畔，风景优美，建筑设计精巧，气势雄伟，三座楼逐渐成为文人荟萃，宴客、会友、吟诗、赏景的游览胜地，也成为江南的标志性建筑。然而它们却饱经沧桑，遭遇过数不清的天灾人祸，屡毁屡修。据记载，岳阳楼历史上至少修缮过51次，重建过24次。最有名的一次重建是在宋代，当时范仲淹的朋友滕子京被贬到岳阳后，带领老百姓百废俱兴，政通人和，他利用征收"老赖"的资金重建了岳阳楼。为了纪念这件事情，滕子京邀请老朋友范仲淹撰写了著名的《岳阳楼记》。遗憾的是，滕子京重修的岳阳楼并未保存至今，我们也只能从宋代的《岳阳楼图》和建筑模型一睹当年的雄姿了。我们今天看到的岳阳楼为清同治六年（1867年）重修，尽管缺少了唐宋时期的气势，仍不失独具特色。整座楼三层三檐，楼顶宛如古代武士的头盔，飞檐高翘，屋脊装饰有各种动物，楼的每角立有一彩釉飞凤。棂窗格门雕饰精美，柱、枋、梁、架朱漆彩绘，楼面黄琉璃瓦，在烟波浩渺的洞庭湖畔显得富丽堂皇，气宇非凡。

与岳阳楼一样，黄鹤楼、滕王阁同样屡遭磨难。历史上黄鹤楼至少毁坏过30次，最后的一次被毁是清末光绪十年（1884年），因汉阳门外董家坡居民房屋起火，风大火猛，殃及城楼，很快将这千古名楼化为灰烬。滕王阁在建立1300多年来，也历经兴废28次，最后一次被毁是在1926年军阀混战时，被北洋军阀邓如琢部纵火烧毁。我们今天看到的黄鹤楼和滕王阁都是新中国成立后重建的，相比岳阳楼现存建筑近150年的历史要逊色许多，正是由于三座楼现存主体建筑的时代和价值差异，1988年岳阳楼被国务院公布为第三批"国保"，而黄鹤楼和滕王阁却无法入选。

神秘的介休祆神楼

中国是个多民族、多宗教的国家。有些宗教在历史上曾经流行过,后来逐渐淡出了历史的舞台,祆教就是其中之一。

祆(xiān)教很容易被人们误读成"妖教"或"祆教",它是中国隋唐时期比较流行的宗教之一,产生于公元前6世纪的西亚地区,称为"琐罗亚斯德教",一度成为萨珊波斯、大夏和粟特城邦的主要宗教,在伊朗及中亚各地广为流行。至少在魏晋时期,它就传入中国,由于崇拜火,又称火祆教、拜火教,与景教(基督教聂斯脱里派)、摩尼教(明教)并称为"三夷教"。

与其他宗教一样,它有自己的教义,有崇拜的神祇,也兴建庙宇供信徒们礼拜、奉祀神祇。当时有许多达官贵族也加入其中,为了管理这些宗教事务和教徒,朝廷还设立了专门的机构和官员,足见祆教在当时的社会影响力。然而随着年代的流逝,这些宗教遗迹早已湮没在历史的长河之

介休祆神楼

中，能保留下来的除了墓葬以外微乎其微。

1997年，广州中山大学历史系教授姜伯勤到山西介休考察了一座当地称作"祆神楼"的神秘建筑，这座建筑的名称和一些具有异域风格的图像引起了他的注意。它有没有可能就是古代祆神庙的遗存呢？

这座木结构楼阁建筑位于介休顺城关大街东端，始建于北宋年间。它集山门、戏楼、过街楼于一体，三重檐"十"字歇山顶结构，屋顶琉璃精美，檐下木雕奇特，楼北还有三结义庙正殿、献殿。1996年被国务院公布为第四批"国保"。据文献记载，该楼为北宋仁宗时期的宰相文彦博所建，当时爆发了由贝洲王则、胡永儿领导的农民起义，仁宗派他前去征讨。传说由于有祆神的辅佐，文彦博最终获得了胜利。为了表示感谢，他在家乡修建了祆神庙作为纪念。明嘉靖年间，县令王崇正视祆教为异类，逐渐将祆神楼里面的塑像改为刘、关、张三结义像，建筑也在清康熙年间重修，当年原貌所剩无几。姜伯勤对现存建筑木雕中一些神兽进行了研究，认为它们不见于其他寺庙建筑，很有可能保存了宋代初建祆神庙时的图像原型。然而由于材料的缺乏，要想彻底揭开祆神楼的神秘面纱，仍然有待学者们深入的探究。

"福山寿海"颐和园

慈禧晚年喜欢在颐和园处理朝政、接见政要、举行典仪。据贴身宫女荣儿回忆，农历每年的五月初至八月底，慈禧都会在颐和园长期燕居，命人在乐寿堂搭上天棚避蚊消暑，每天遛弯儿听书、赏鸟观鱼、散志澄怀，做足了湖上的神仙。慈禧为何如此喜欢颐和园？这还要从乾隆皇帝为母亲祝寿说起。

1751年是乾隆的母亲60岁大寿，一向强调"孝治天下"的乾隆皇帝于1750年决定在西湖瓮山风景区建造一座园林，为母亲祝寿。他下令在瓮山圆静寺旧址兴建大型佛寺"大报恩延寿寺"，发布上谕将瓮山改名为"万寿山"。同时，他又下令整治西湖水系，并改名为"昆明湖"。万寿山南麓沿湖一带的厅、堂、亭、树、廊、桥等成片的园林建筑也陆续破土动工。乾隆借《诗经·伐檀》中"河水清且涟漪"的诗句，将这座园林命名为"清漪园"。

1764年清漪园全部完工，前后历时15年。园内的各种建筑物和建筑群组共计101处。此外，还有园林小品、碑碣、摩崖石刻、桥梁等。整座园林从构思到布局到装饰细节无不体现了祈福祝寿的美好愿望，如从空中鸟瞰，万寿山山体形似蝙蝠，昆明湖水面形似寿桃，寓意着"福山寿海"；而昆明湖中三座岛屿象征着"蓬莱"、"瀛洲"和"方丈"，自古以来便是人们追求长生不老的仙山；还有建筑彩画中无以计数的"福寿"吉祥图案等。乾隆皇帝后来在《万寿山昆明湖记》中，也明确表达了祝寿是建造清漪园的主要意图之一（此外还有"治水"的目的）。

1860年，英法联军进抵北京，三山五园均被付之一炬。除了个别建筑物幸免外，清漪园几乎焚烧殆尽。慈禧垂帘听政后，一直想重修一座园子作为"颐养天年"之所。她先想到圆明园，后因工程巨大、国库无法承担而作罢。相比较而言，清漪园规模较小，且"福山寿海"也符合慈禧长生不老的愿景。1886年，她授意奕䜣、李鸿章等人动用海军军费重修清漪园，并以光绪的名义颁布上谕，将清漪园改为"颐和园"。重修工程一直持续到1894年慈禧60岁时才基本完成，前后历时八载，恢复建筑97处。重修后的颐和园虽不如清漪园恢宏瑰丽，仍然集中国皇家园林艺术之大成（1961年被公布为第一批"国保"，1998年列入《世界遗产》名录，被誉为世界几大文明之一的有力象征）。为了庆祝60大寿，慈禧准备在颐和园排云殿（大报恩延寿寺旧址）举行盛大的"万寿庆典"。不料甲午战争爆发，军费被挪用的清朝海军全军覆没，在举国的愤怒之下，虽然慈禧知趣地将庆典取消，但仍难逃祸国殃民的骂名。

中阳楼彰显传统孝道

"勤劳、正直、善良"，星云法师曾提及父母在幼年教会他的，其实也正是中华民族千百年来传承不息的优秀美德。"百善孝为先"，孝道历来为中国伦理道德所推崇，自古以来就流传有"二十四孝"故事，以

"孝"命名的城市有山西孝义、湖北孝感等。

孝义旧城始建于北魏太和17年（493年），时称"永安县"。隋代，有县民郑兴以"剜股疗母"的孝道闻名乡里。郑兴乃一介穷书生，为人忠厚老实，孝敬父母。父亲去世，他痛哭三日滴水不沾，后母亲因气虚体弱需要鹿肉调理，他找不到鹿肉，便自割股肉替代，做成羹为母亲疗养。唐初，汾州知府房玄龄表扬郑兴为"汾州第一孝子"，并手书牌匾"孝悌贤乡"。贞观元年（627年），为表彰郑兴

孝义中阳楼北侧全景

的孝德，唐太宗下旨改永安县为"孝义县"。这一名称也沿用至今。

孝义还有一个代称叫"中阳"，这与孝义的地理位置有关。历史上的孝义为一方重镇，车骑缤纷，商贾麋至，是南北交通要道。这里可以纵览四宇，"带汾水"、"襟霍山"、"向南斗"、"衔衡岳"、"控云朔"、"倚大恒"、"拱北极"，因此有"中和位育"、"位中枢"之称、也因此得名"中阳"。如今，孝义旧城的中央"十"字大街上仍矗立着一座标志性建筑——中阳楼。这座建筑为过街楼形制，楼高19.48米，坐落在四个石台上。楼体为全木结构，平面方形，四层四檐，"十"字歇山顶。中阳楼整体构造较为合理，真实地反映了山西中南部地区城市中心木结构楼阁的建筑风格。四根金柱上下贯通，一至三层外设回廊，层层内收，使整体结构稳定独特，是山西中南部地区过街楼阁建筑的典型代表。作为城市中心地标性的建筑物，中阳楼记录着当地城市发展的演变和商业贸易的盛衰。它屡遭损毁，又屡次重建、修葺，见证了当地不同历史时期社会、文化、经济发展和变迁，具有较高的历史价值。从保存状况看，中阳楼是全国现存的市中心过街楼阁建筑中保存较为完整的一座；从建筑规

模看，中阳楼是山西，乃至全国现存规模较大的木结构中心楼阁建筑之一；从空间格局看，中阳楼是山西现存中心过街楼阁建筑与周边历史街区格局保存较为完整的实物之一，它与周边历史街区相互辉映，比较真实地反映了孝义城市发展的历史格局和风貌。2006年，中阳楼被国务院公布为第六批"国保"。

时下经济飞速发展，城市迅猛改造，孝义新城不断西扩，其传统的文化形象已逐渐为人们所淡忘。只有来到孝义旧城，中阳楼四周悬挂的大小牌匾中，"行孝仗义"、"孝为人之本"的训语还在向过往路人撒播着孝义的传统名片。虽孑然一身，却依旧美丽！

宗 教 建 筑

大昭寺不是为文成公主修建

许多人到拉萨大昭寺为看两样宝贝：一是文成公主带到吐蕃的释迦牟尼12岁等身像，一是著名的"唐蕃会盟碑"。

释迦牟尼等身像是按照2500年前他本人形象塑造的，据说世上只有3尊，因此珍贵异常。这三尊佛像中，又以释迦牟尼12岁时身为皇子的鎏金

大昭寺中心庭院，远处为布达拉宫

铜像最为精美和尊贵。它不知何时流入中国，并由文成公主带入西藏。然而文成公主嫁给松赞干布时，松赞干布为她修建的并不是大昭寺，而是附近的另外一座寺院——小昭寺。大昭寺则是松赞干布为他的尼泊尔妻子尺尊公主和她带来的一尊释迦牟尼8岁等身像而修建，始建于唐贞观年间（7世纪中期），藏语汉译为"逻些显幻之神殿"，又称作"惹萨"（山羊拉土），后改称"祖拉康"（经堂），又称"觉康"（佛堂），9世纪改称

"大昭寺",清代又称其为"伊克昭庙"。

大昭寺初建时,只有觉康主殿(祖拉康)的第一和第二层,后经历过破坏也多次进行修缮和大规模的扩建,最终才形成了现在的5座金顶、108个佛殿,占地面积2.51万平方米的庞大建筑群。整个建筑群坐东朝西,建筑沿纵向中轴线分布,主要由门廊、庭院、觉康主殿及分布在四周的僧舍、库房等四部分组成。觉康主殿前是绕以回廊的宽敞庭院,出庭院为门廊。门廊平面呈"凹"字形,廊房高大,门楼下设门两道,两道门中间一穿殿。穿过门楼,便是露天庭院。庭院四周则是一圈回廊,回廊四壁绘有千佛壁画,故亦称"千佛廊"。觉康主殿是大昭寺的主体,平面略呈方形,面阔、进深约40余米;分四层,一、二层中间留有空间高敞的天井,围绕天井四周便是内向辟门的经堂。东侧正中经堂内最早便供奉着释迦牟尼8岁等身像,8世纪唐金城公主嫁到吐蕃后,将其与小昭寺文成公主带来的12岁等身像互换,一直保留至今。

唐蕃会盟碑立于大昭寺门前,亦称"甥舅同盟碑"或"长庆会盟碑",是公元823年吐蕃赞普赤祖德赞为纪念唐蕃会盟所建,标志着汉藏民族永久的亲密友好关系。

大昭寺在藏传佛教中拥有至高无上的地位,是各教派共尊的神圣寺院。五世达赖喇嘛建立"甘丹颇章"政权后,"噶厦"政府的机构便设于寺内。许多重大的政治、宗教活动,如"金瓶掣签"等都在这里举行。1961年,大昭寺被公布为第一批"国保",2000年,被联合国教科文组织列入《世界遗产名录》。

北尊少林、南崇武当

中国武术分为北派南派、外家内家,素有"北尊少林,南崇武当"之说。

少林拳奉达摩为始祖,达摩为天竺国王子,名菩提多罗,遇摩诃迦叶第二十七代佛祖般若多罗剃度为弟子,后来到中国传法。达摩漂洋过海,历时三年到达广州,后被南朝梁武帝迎到建康,因武帝不能领悟禅法而一苇渡江，寓居少林寺，面壁九年，最后只履归西。今天我们在少林寺五乳峰下见到的初祖庵并非达摩建造的面壁之所，实为北宋宣和七年（1125年）为纪念达摩而后建的，是河南地区现存最早的宋代木构建筑，具有极高的文物价值。

少林寺初祖庵

传说归传说，中国武术来源于体育和搏斗，已有数千年的历史。少林功夫也同样源自强身健体和保卫家园的需求。地处嵩山深处的少林寺，山势险峻，自然条件恶劣，为了生存，寺僧就必须有强健的体魄，因而习武健身成为寺僧必不可少的活动。同时，嵩山林木茂密，

少林寺塔林

猛兽出没，这对少林僧众也构成了极大威胁。为了抵御猛兽的攻击，寺僧不得不通过习武来增强他们抗御猛兽的能力。因此在僧人跋陀创建少林寺后，许多身怀武术技艺者入寺为僧，为少林功夫的形成奠定了基础。跋陀的弟子惠光、僧稠就是其中的代表人物，据记载惠光12岁时就能在危险的井栏上反踢毽子，一连能踢500个。而僧稠更是"筋骨强劲"、"拳捷骁武"、"引重千钧"。他甚至能"横踏壁行"而"跃至梁首"，曾经用锡杖将两只老虎赶跑。隋末，十三位少林武僧因协助秦王李世民讨伐王世充，而受敕封奖谕，自此少林寺练拳习武成为传统。少林僧兵也总是作为非常独特的军事组织，参与到保家卫国当中。到了明清时期，少林功夫已经形成一套博大精深的武术体系，为人们所熟知。

如今每当人们来到少林寺千佛殿，总会被眼前几十个深浅不一的脚坑所震惊，这些脚坑是少林僧人们练功形成的"站桩坑"，亦称"练功脚坑"，是武僧习武时跺脚踏地再加上年深日久和功夫高深而留下的。每一个脚坑都体现着少林武僧的辛勤汗水，都凝聚着少林功夫的深刻底蕴。在少林寺西500米处的少溪河北岸，密布着唐、宋、金、元、明、清形制各异的古塔229座，俗称"塔林"。这些古塔都是历代高僧的埋葬之所，其中也不乏精通少林功夫的武僧，对于研究少林寺，研究少林功夫，乃至研究中国古代建筑、雕刻、书法艺术都具有重要价值。1996年少林寺塔林与初祖庵一起被公布为第四批"国保"，2010年第34届世界遗产大会，作为登封"天地之中"嵩山历史建筑群的组成部分列入世界遗产名录。

武当拳则以张三丰为开山。武术界一般认为武当内家拳法脱胎于少林拳。如黄百家《内家拳法》，金一明《武当拳术秘诀》等都有这样的记载。民间还流传着另外一种说法，即真武神授。传说张三丰北赴汴京途中的一个晚上，梦见真武神君降临，向他传授拳法。张三丰运用这套拳技打败了拦路的强盗，从此闻名于世。

武当山金顶

武当山古建筑群

真武神君是谁？竟然如此厉害。据道教《太上说玄天大圣真武本传神咒妙经》，真武是太上老君第八十二次变化之身，托生于大罗境上无欲天宫，净乐国王善胜皇后之子。皇后梦而吞日，觉而怀孕，经一十四月及四百余辰，降诞于王宫。后既长成，遂舍家辞父母，入武当山修道，历四十二年功成果满，白日升天。玉皇有诏，封为太玄，镇于北方。

真武神君为什么要选择武当山修道呢？

武当山，绵亘800里，其自然风光以雄为主，兼有险、奇、幽、秀等多重特色。东汉以来，即有道人在武当山结茅为庵，潜心修炼。唐贞观年间遇大旱，唐太宗李世民遣均州吏姚简到武当山祈雨灵验，便在灵应峰敕建"五龙祠"。元代，武当山道教垦田数百顷，养众万人，有100多处庙宇及坛、亭、台、桥等。明代是真武声势最为显赫、民间信仰最为普遍的时期。这与燕王朱棣夺权有关，传说在整个夺权过程中，真武都曾显灵相助，因此朱棣登基后，即下诏特封真武为"北极镇天真武玄天上帝"，并大规模地修建武当山的宫观庙堂，遣要员率20多万军民夫匠，以12年功夫，建成八宫二观、三十六庵堂、七十二岩庙、三十九桥、十二亭的庞大道教建筑群，使武当山成为举世闻名的道教圣地，并在天柱峰顶修建"金顶"，奉祀真武大帝神像。

如今，虽历经数百年沧桑，武当山仍存有近5万平方米的宏伟建筑群。现存较完好的古建筑有129处，庙房1182间，集中体现了我国元、明、清三代世俗和宗教建筑的建筑学和艺术成就，代表了近千年的中国艺术和建筑的最高水平。

金顶、紫霄宫、"治世玄岳"牌坊、南岩宫、玉虚宫遗址和武当山建筑群分别于1961、1982、1988、1996、2001和2006年被公布为"国保"。1994年，武当山古建筑群被世界遗产委员会列为世界文化遗产。

宁波保国寺——江南发现的第一座宋代建筑

众所周知，由于南方地区潮湿多雨，虫蛀蚁蠹，古建筑很难保存。因此唐宋以来的古建筑多保存在北方地区，新中国成立前，梁思成、刘敦桢先生在河北、山西等地发现了许多早期建筑。1949年新中国成立后，刘敦桢先生兼任南京工学院建筑系主任，开始系统地组织学生进行江南地区的古建筑调查工作。

1954年夏,南京工学院学生戚德耀、窦学智、方长源等进行暑期实习,在宁波进行浙东民居和古建筑的调查。工作接近尾声的时候,他们偶然听说洪塘北面有座规模很大的古佛殿,便坐车前往一探究竟。他们仔细察看了寺内建筑,天王殿、大殿、方丈殿、东西厢房、钟楼、鼓楼、藏经楼等。其中大殿气势雄伟,面宽、进深各三开间,平面呈纵长方形;斗拱用材粗壮古朴,枋上隐刻"七朱八白";佛座后嵌有《造石佛座记》,戚德耀发现其上镌刻有"崇宁元年"(1102年)的字样。这可是宋徽宗赵佶的年号,三人强抑住内心的惊喜,兴冲冲地赶回南京,向刘敦桢先生汇报了这一重要发现。至此,江南地区第一座宋代建筑终为人们所熟知。

据载,保国寺始建于东汉,骠骑将军张意及其子中郎将张齐芳曾隐居于此,后改建为寺院,唐武宗灭佛时,也一并被毁。唐僖宗广明元年(880年)重建,赐"保国"匾额,唐末再次被毁,并于宋大中祥符六年(1013年)重建山门、大殿。

保国寺大殿藻井

整个大殿采用了宋代典型的"厅堂式"构架方式,全部结构皆用斗拱之间的巧妙衔接和精确的榫卯技术,不用一枚铁钉将建筑物的各个构件牢固地结合在一起,承托起整个殿堂屋顶50余吨的重量。前槽巧装三镂空藻井,藻井低而供佛像空间高旷,构思精巧,对比强烈。

保国寺大殿是江南最古老、保存最完整的木构建筑,在中国建筑史上具有很高的历史、艺术和科学价值。与现存唐宋辽金建筑实例相比,保国寺大殿所具有的特征,不仅与《营造法式》的诸多规定最为接近,同时也保存了比《营造法式》更早的一些做法,反映了当时木构建筑的独特风格和在力学研究上达到的高超水平。1961年,保国寺被国务院公布为第一批"国保"单位。

开封"铁塔"实为砖琉璃塔

北伐战争末期,冯玉祥将军率领国民革命军进驻河南开封。沿途所见,市容凋敝,满目疮痍,令人心碎。当他来到城北祐国寺,看到"铁塔"由于年久失修,早已残破不堪,四周杂草丛生,游人罕至,心情更加沉重。

"铁塔"实为砖琉璃塔。因为琉璃砖为褐色,远远望去好像铁铸一样,所以自元代开始,民间一直称为"铁塔"。

铁塔的前身原来是木塔,传说是宋代的巨匠喻皓主持建造的。北宋庆历四年(1044年)木塔毁于雷火,皇祐元年(1049年)重修为砖塔。塔原建于北宋开宝寺内,寺院规模宏伟、殿堂林立、名声显赫,是中原名刹之一。靖康元年(1126年),金人入城时,开宝寺毁于兵火,唯铁塔幸免。明代又重修寺院,并奉诏改为祐国寺。

从外面看,铁塔为八角十三层仿木构楼阁式,高约55米。褐色琉璃砖砌筑成各种仿木结构,有80余种形制,如门窗、柱子、斗拱、额枋、塔檐、平座等,砖表面装饰有各种图案,如坐佛、菩萨、力士、飞天、游

开封铁塔砖雕局部

龙、麒麟、狮子、花草等50余种。造型栩栩如生，工艺精巧，堪称我国宋代砖雕艺术中的精品。走进塔内，一根自基至顶贯通上下的塔心柱支撑塔体，仅能容身的螺旋式磴道将塔心柱和外壁紧密地连成一体，形成了坚强的抗震体系，也使铁塔虽屡遭天灾和人祸，遍体鳞伤，但依然屹立不倒。

冯玉祥顺磴道攀爬到塔顶，凭栏远眺，人民疾苦尽收眼底。他想到那些大发国难财的奸商不管老百姓死活，只顾自己花天酒地、荒淫极奢，决定要找个机会教训他们。此时，清脆悦耳的风铎声响起，冯玉祥灵机一动，打起了铁塔的主意。他来到全省首屈一指的"龙凤祥"金银珠宝店，表示想把自己的"养女"托付给外号"磨动天"的莫掌柜照顾，不过要收一些卖身钱。莫掌柜巴不得能攀附上拥有重兵的冯将军，自然满口答应。谁曾想冯玉祥开口就是10万大洋巨款，莫掌柜后悔莫及，咬着牙掏了钱，然后乖乖地跟着他去接"养女"。来到城北，冯玉祥指着铁塔告诉莫掌柜，这就是他的"养女"。莫掌柜恍然大悟，明知上当也只能老老实实请来工匠维修铁塔。冯玉祥则用10万大洋在开封办了座教济院，扶弱救贫，传为佳话。

开封"铁塔"虽然忽悠了百姓近千年，令湖北当阳铁塔、山东济宁铁塔等真铁塔失色，却卖身救济过劳苦大众，也算将功补过吧！1961年被国务院公布为第一批"国保"。

美榔双塔——海南最早的国保建筑

美榔双塔，又称"买榔二塔"，位于澄迈县北部金江镇（原美亭乡）美郎村东南隅。二塔相距20米，均为仿木石结构楼阁式塔，塔前筑阶梯式坡道，跨悬臂石梁桥通向塔基台面。南塔俗称"姐塔"，六角形，坐东南向西北，塔有六层，通高约13米。塔基台面有石柱围栏，须弥座雕刻狮子捧绣球、卷云纹等图案，六面正中各有文臣、武士雕像，每层塔檐平出弯翘，底层至三层有石柱及斗拱承托着枋。从第四层起，外壁隐出半圆倚柱，门龛内不见佛像，塔顶为相轮珠宝顶。北塔俗称"妹塔"，四方形，坐东北向西南，七层，通高约13.7米。每层内龛和外壁雕有佛像，须弥座四周浮雕精

美榔双塔,近处的为"姐塔",远处的为"妹塔"

美,有虎、马、狮、象、獬豸、麒麟等瑞兽图案及佛教莲瓣纹饰,四角倚柱有力士顶托。塔心室供释迦、弥陀二佛,塔身左右壁龛置六护法金刚,四蟠龙石柱分立四角。塔刹为仰莲座,上承七层相轮和刹顶宝珠。

美榔双塔石雕局部

双塔四周榕树遮蔽、椰林掩映,若没有当地人指引,外人很难找到。置身塔前,仿佛置身于柬埔寨吴哥窟,一个热带丛林中的神秘王国。但见双塔造型古朴、结构独特、雕工精湛,岁月侵蚀的斑斑驳驳也清晰地呈现在石构表面。人们不禁要问,双塔究竟建于何时?

查明朝《正德琼台志》可知,美榔双塔在辑瑞庵前左右深田中,应该属于庵内的塔。塔由元代的乡人陈道叙所建,因为陈有二女,长女灵照嫁人,次女善长出家居庵,为此他捐钱一千缗建立二塔。塔前发现的一方石碑也明确带有元代纪年，1994年，海南文物专家在调查美榔双塔时发现该碑，虽然碑面字迹漫漶，仍能辨别出"至元十七年"（1280年）的字样。再加上双塔的形制属宋元时期风格，姐塔须弥座的武士雕像也带有蒙古武士的特征，这些证据使得大多数人相信双塔建于元代。1996年，美榔双塔被国务院公布为第四批"国保"。

美榔双塔作为海南省最早的元代"国保"建筑仅仅维持了几年。1997年，双塔附近发现了陈道叙墓，并于三年后进行了考古发掘。陈道叙墓志的出土为我们提供了修建双塔的确切年代线索。根据墓志记载，陈生于南宋孝宗淳熙七年（1181年），19岁入辑瑞庵诵经，卒于南宋理宗宝祐元年（1253年），享年72岁。由此推算，陈道叙所建双塔的时间必定在1253年之前，距离1271年忽必烈改国号为"元"至少有18年，仍属南宋末期。如此说来，陈道叙和他所建的美榔双塔都应该是地地道道的南宋造，而至于石碑上的元代纪年和姐塔上的蒙古武士形象，应该与元代对辑瑞庵和塔的维修有关吧。

阁院寺文殊殿见证千年孝子

传说华北西部的太行山中曾有狐狸修炼成仙，后女娲命其附体妲己扰惑商纣王，它飞走后留下了"飞狐"的地名。这一带战略地位极其重要，作为连接中原与晋北、塞外的八条太行通道之一，历朝历代为兵家必争之地。

李彦超就是长期在这里征战的后唐大将，他家本姓"符"，父亲符存审是后唐开国皇帝李克用的养子，破后梁，击辽兵，大小百余战，屡立大功，是后唐的开国功臣之一，因此被赐皇姓。符存审开创的绵延100多年的符氏家族先后出了三后两王众将军，人才济济，声名显赫，影响了五代宋初历史进程中的诸多大事。

李彦超是李存审的长子，曾任汾州刺史、晋州留后、北京留守、太原尹、安远军节度使等要职，934年被自己属下王希全等谋害。在去世前，李彦超已感到社会动荡，世态炎凉，自己守卫边疆，杀戮甚重，苦不堪言，心中颇为不安。他把自己的不安告诉了儿子李存菀。为了消除父亲生

河北涞源阁院寺文殊殿

前的苦厄，李存勖决定为父亲修一座庙宇，依靠佛法来"福佑慈父"。经过挑选，他最终看中了飞狐县的阁院寺。这座寺院位于县城西北角，坐北朝南，据当地人说"东汉创建，唐重修"，由于靠近五台山地区，这里也是文殊菩萨的道场。自中、晚唐以来香火日盛，许多达官贵族甚至辽代皇室都到这里朝拜，种植松柏、铸造功德大钟，还留下不少陀罗尼经幢。这种经幢因为刻有《佛顶尊胜陀罗尼经》对于利生、度亡都有不可思议的功德，因此佛教信徒认为造刻它可以使遭受困厄苦难的亲人得到福佑。

  李存勖是一个孝子，他要建一座代表当时最高水平的殿堂供奉文殊菩萨，还要竖立一通精美的汉白玉陀罗尼经幢，当然也只有他们家这样的豪门显贵才有实力做到。他倾尽家财，从辽应历十六年（966年）开始修建文殊殿。整座建筑为单檐歇山顶，进深、面宽各三间，面积约484平方米，通高12.5米。外檐出两跳、斗拱五铺作，出跳以偷心居多，精致规整，充满美感，其建筑格式与宋初建筑规范《营造法式》颇为相近。为增加殿前部空间，还采用了减柱造。结构处理严谨，自然和谐，每一构件相互咬合，不留一丝缝隙，支撑力完全合乎力学原理。菱花、球纹格心窗户同样构思精巧、极为罕见。殿内东西北墙壁满绘壁画，并沥粉贴金，画法精心，线条流畅，保留了浓郁的唐代遗风，同样具有辽代宫廷画风。文殊殿后檐和斗拱上还有团花行龙、旋子彩绘，令人目不暇接。我们不知道他是否聘请了御用的设计师和工匠，文殊殿设计精巧，用材讲究，出檐深远，气势恢宏，明显具有辽代官式风格。

阁院寺文殊殿至今仍是我国现存年代较早、保存最为完好的土木建筑之一，1996年被国务院公布为第四批"国保"。

房山云居寺——北京的敦煌

2009年，阔别近30年，与北京八大处佛牙、陕西法门寺佛指并称为佛家"海内三宝"之一的佛祖肉身舍利被迎请回其出土地——云居寺，接受人们的观瞻。佛舍利是佛祖释迦牟尼涅槃火化后的遗存，有骨舍利、发舍利和肉舍利三种，分别为白色、黑色和红色。其中肉舍利极为罕见，1981年在云居寺雷音洞内出土，密封在层层套装的五个石函、银函和玉函中，共两粒，而目前全世界也仅存这两粒，可谓无价之宝。

云居寺缘何能存放这样重要的珍宝呢？我们不妨了解一下它的历史。

云居寺位于北京西南房山区境内的白带山（又称"石经山"）下，它的修建与当年的刻经活动有关。隋大业年间（605年），当时高僧静琬为了弘扬佛教正法，选择在这里镌刻石经。最早的石经就刻在雷音洞中，也就是埋藏佛祖肉舍利的地方。显然这里作为弘扬佛教正法的圣地，其重要性和卓绝地位是不言而喻的。雷音洞中央有四根八角形石柱，每根柱上均浮雕千佛，静琬最初所刻的一百四十六块石经就镶嵌于洞内四壁之上。唐贞观年间静琬逝后，其弟子玄导、仪公、慧暹、玄法又相继主持刻经事业，历经隋、唐、辽、金、元、明诸朝，延续千载，至明末，共镌刻石经近15000块，涉及佛经1122部、3572卷。

随着刻经活动的进行，云居寺也逐步兴建、繁荣，至辽圣宗时期（983~1011年）已形成五大院落、六进殿宇的宏伟建筑群。南北两座辽塔对峙，塔的四周各有一座三米多高的小唐塔，金刚宝座塔（五塔）的布局。寺内及周围山上还有唐、辽、明各代建造的砖、石塔十余座。其后，金、元、明、清各代均有修葺。抗日战争时期，云居寺遭到日军的轰炸，建筑多有损毁，所幸石经保存完好。

如今，云居寺中珍藏有14728块石经，分为两部分存放。其中，大部分石经在云居寺南塔（藏经塔）的石经地宫中存放，而另一部分则在石

北京云居寺

经山上的9个洞穴内存放。此外，云居寺内还藏有纸经和木版经。纸经现藏22000多卷，为明代刻印本和手抄本，包括明南藏、明北藏和单刻佛经等。木版经为雍正乾隆时期刻制的汉文大藏经《龙藏》，现存77000多块，同样也是我国木版经之最了。这些珍贵的佛教经典，在佛教研究、政治历史、社会经济、文化艺术等各方面都具有极为重要的历史、艺术和科学价值。

在这座名副其实的"北京的敦煌"，周恩来总理曾盛赞道："黄金有价，石经无价。" 1961年，云居寺塔与石经被公布为第一批"国保"。

永乐宫曾经历空前的搬迁壮举

山西芮城县城北约3千米处的龙泉村东有一座举世闻名的道教圣地——永乐宫。步入宫门，由南向北依次排列着龙虎殿（无极门）、三清殿（无极殿）、纯阳殿和重阳殿，流连之余，您会感叹于建筑的独特风格，更会惊叹于壁画的宏伟精湛。当有人告诉您这些规模宏大的建筑和壁画是从20千米外的永乐镇搬迁而来，您会相信吗？

永乐镇相传是"八仙"之一吕洞宾的老家。据说吕洞宾死后，家乡百姓为他修建了"吕公祠"以示纪念。1220年，全真教首领丘处机拜见成吉思汗，被封为国师，掌管天下道教，从而使全真教在道教中居于正统地位。吕洞宾也被全真教所尊崇，吕公祠被改建为"大纯阳万寿宫"（"永乐宫"），与终南山重阳宫、北京白云观并称道教全真派三大祖庭。

永乐宫前后营建了近百年才最后完工，除今天保留下来的殿堂以外，中轴线上还有供奉丘处机的丘祖殿（现尚存废墟），西部有披云道院。这些元代建筑，是中国古建筑中的优秀遗产。永乐宫建筑内满布壁画，总面积达1000余平方米，题材丰富，画技高超，它继承了唐、宋以来优秀的绘画技法，又融汇了元代的绘画特点，堪称艺术瑰宝。三清殿内的西、北、东三壁上满绘高4.26米，全长94.68米，总面积400余平方米的壁画，内容为道教《朝元图》，描绘的是群仙朝谒元始天尊的情景。画面上共有人物286个，这些人物按对称仪仗形式排列，以南墙的青龙、白虎星君

永乐宫三清殿

为前导,分别画出天帝、王母等28位主神。围绕主神,28宿、12宫辰等"天兵天将"在画面上徐徐展开。整个画面气势不凡,场面浩大,人物衣饰富于变化而线条流畅精美。纯阳殿内绘制了吕洞宾一生的传说故事,重阳殿则描述了王重阳一生的故事。20世纪30年代,被日本人盗运出国,现藏加拿大多伦多安大略博物馆的两壁道教壁画,据称原为山西平阳府某观壁画,与永乐宫壁画的风格和传承都有密切的关系。

1959年国家兴建三门峡水库,为了使永乐宫免遭淹没,文物工作者对永乐宫进行了空前的整体搬迁,建筑落架,以特殊的人力拉锯法极细微地将附有壁画的墙壁逐块锯下,再将壁画与墙壁分离,然后放入垫满了厚棉花的木箱之中。所有的建筑构件都认真细致地逐一编号,用汽车、骡车、马车等交通工作逐步运到新址,先恢复宫殿,然后在墙的内壁上

永乐宫建筑构件在搬运过程中

新铺一层木板,再逐片地将壁画贴上,最后由画师将壁画加以仔细修饰,切缝几乎难以辨别,使今人得以继续欣赏这些元代建筑和杰出壁画的旷世神韵。

永乐宫浩大的搬迁修复工作持续了近5年的时间终告完成,其间的1961年,国务院将其公布为第一批"国保"。在这项工程完成一年以后,世界上另外一项举世瞩目的文物搬迁工程——埃及阿布辛拜勒神庙才正式动工。

太原多福寺曾为傅山隐居地

金庸先生是个史学大家,他的武侠小说往往蕴含着深厚的历史背景,

小说中的不少英雄侠客都真有其人,比如《书剑恩仇录》中的傅青主即是其中一个。傅青主又名傅山,生于明末清初之际,由于世出官宦书香之家,家学渊源极深,因此他年少即博闻强记,文学、书法、绘画、医学、佛学等均颇为精通。最为金庸先生所称道的是他一生中处处表现的坚忍不拔的战斗精神,他那种"富贵不能淫,贫贱不能移,威武不能屈"的高尚品格和气节,使他在三晋乃至全国得到了"志士仁人"的高度评价。明代灭亡后,傅山闻讯写下了"哭国书难著,依亲命苟逃"的悲痛诗句,从此开始坚定的反清斗争,誓死不屈。不久,他因为联络反清义军而被捕,出狱后他曾一度隐居在太原晋祠和西北20多千米外的崛围山。

多福寺山门

崛围山山势陡峻,松柏遍野,春日山花烂漫,秋来红叶满山。山巅上坐落着一座千年古刹——多福寺(2006年被国务院公布为第六批"国保")。寺院坐北朝南,寺前山泉潺潺,宋代七级舍利砖塔巍然耸立于对面山峰。据历史记载,多福寺始建于唐代贞元二年(786年),原名崛围教寺,是文殊菩萨的道场之一。后唐李克用、李存勖父子曾到此礼佛焚香,其后寺况空前。宋末寺院毁于兵火,明洪武年间重建,弘治年间改为今名。整座建筑群规模宏伟,沿中轴线布局有山门、钟楼、大雄宝殿、文殊阁、藏经楼、东西垛殿等。大雄宝殿为主殿，殿内留下的明代雕塑和壁画精美异常。尤其是84幅壁画，沥粉贴金，描绘释迦牟尼生平事迹等，画面生动、色彩艳丽。

寺内二进院藏经楼下的红叶洞霜红龛，就是傅

多福寺大殿明代壁画

山先生的隐居处。他在这里一边精研佛学，一边等待进一步斗争的机会。后来撰写的有关佛学研究的《霜红龛集》应该主要形成于此。傅山希望将子学与佛学的精华一并采纳，用以挽救民族危亡，经世致用，成为一门经邦济世的实学。康熙帝非常看重傅山，一直想起用这位三晋名人。他想尽办法把傅山请到北京，授予官职，傅山坚决不从，终不得愿。康熙二十三年（1684年），傅青主辞世，时年七十有九。

佛山祖庙——广东最早的北帝庙

提到佛山，人们总会想到"四大名镇"，想到粤剧发源地，想到南派武术之乡，想到传奇人物黄飞鸿，甚或是虚构的十三姨。要想了解这些，捷径是去佛山祖庙，那里不仅有独特的岭南建筑风貌和装饰艺术，同时也浓缩了古代佛山宗教、文化、经济等的全貌。

佛山祖庙坐北朝南，占地面积约3500平方米，始建于北宋元丰年间（1078～1085年），原建筑已于元末焚毁，明洪武五年（1372年）重建后，又经过二十多次重修、扩建，至清代初年，发展成一片规整庄严、疏密有致、具有浓厚地方特色的庙宇建筑群。走进祖庙，南北中轴线上分布着万福台、灵应牌坊、锦香池、钟鼓楼、三门、前殿、正殿、庆真楼等建筑。装饰大量采用了陶塑、木雕、砖雕、灰塑等，多以戏曲故事为主要题材，具有独特的民族风格和浓厚的地方特色。

佛山祖庙"佛山"石刻

正殿是祖庙中年代最早、最重要的建筑，正中供奉一尊重约2.5吨的北帝铜铸造像。北帝，即北方天帝，全称北方真武玄天上帝，是镇守北方的道教民间神祇。那么位于南粤之地的佛山，为什么会崇拜道教的北帝呢？

原来珠江三角洲一带，自古为水泽之乡，水患频发。而北方属"水"，北帝为"司水之神"，专门管理水务。因此老百姓为了防患水灾，对北帝进行顶礼膜拜，保佑平安就不难理解了；加之宋代以来佛山又以冶铸为业，是岭南著名的冶铁中心，属于"火地"，老百姓自然希望拜北帝的"水德"来防患火灾，保佑安全生产。因此，宋代以后，珠江三角洲一带便兴建了许多北帝庙，广州西关、河南、下塘等地亦有分布。而作为广东最早的北帝庙，佛山祖庙便成为"诸庙之首"，成为珠江三角洲一带民间信仰中心和祭祀圣地。1996年被国务院公布为第四批"国保"。

佛山祖庙既是珍贵的物质文化遗产，同时也传承着优良的非物质文化遗产。"行祖庙、拜北帝"是佛山延续至今的最为隆重的民间风俗，还有农历三月初三的"北帝诞"，"乡人赴灵应祠肃拜。各坊结彩演剧，曰重三会。……神昼夜游历，无咎刻宁，虽隘巷卑室亦攀銮以入。……四日在村尾会真堂更衣，仍列仪仗迎接回銮"。这些隆重的民间节日，黄飞鸿当年一定也参加过吧！

资寿寺曾遭遇惊天大盗

每逢西方圣诞节，许多中国人都喜欢到教堂附近感受热闹的庆祝场面,此时传统的寺庙道观就显得格外清静了。然而山西灵石县城东5千米的资寿寺在1993年的圣诞节却并不宁静,25日下午,寺院附近出现了几个鬼鬼祟祟的身影。转天凌晨,当寺中的更夫来到三大士殿(罗汉殿)例行巡视时,发现殿门已被撬开,殿内惨不忍睹:十八尊罗汉头被齐刷刷沿脖颈处割走,木茬尚在,只剩下孤零零的身躯……资寿寺何以引起这些歹徒的"关照",惨遭毒手呢?

资寿寺创建于唐咸通十一年(870年),重修于宋,以祈求圣佛赐福保佑庶民长寿而得名。金代末年被焚毁,元代重建寺院,明代成化、正德年间又进行了大规模的修葺,寺院建筑、布局保持至今,总占地面积达17000余平方米。

资寿寺山门照壁

资寿寺失窃的罗汉头像已修复如初

寺院分三进式院落，前后15座殿堂沿中轴线对称分布，主要建筑有天王殿、雷音殿、三大士殿、大雄宝殿、地藏殿、药师殿、二郎殿等。此外，寺院西北角还筑有藏经楼、真武阁、方丈院、千手观音殿、禅堂院；东南角建有关帝庙和戏台。寺院内保存的元代壁画粗犷豪放，功力不凡，堪与永乐宫元代壁画媲美；而以三大士殿十八罗汉为代表的百余尊明代彩塑，形体优美、造型逼真，是我国现存明代彩塑中的精品。

资寿寺罗汉头像被盗以后，山西警方经过近两年的艰苦侦察，终于将四名盗贼全部绳之以法，参与偷卖走私罗汉头像的商人也一并捉拿归案。然而，十八尊罗汉头像却已流入台湾、日本、东南亚等地，要想通过政府渠道索回是一件极其复杂、且耗时的工作。如何寻找到这些罗汉头像，使它们完璧归赵，牵动着海内外各界爱国人士的心。

1996年春节期间，台湾震旦集团董事长陈永泰先生听说岛上有一批来自山西的罗汉头正在寻找买主，立即找来相关图册进行比对，确认这些正是资寿寺失窃的珍贵明代彩塑罗汉头像。无私的爱国赤诚促使他决定将流落台湾的头像全部买下，随后又派人四处打听消息，最终花巨资从日本和东南亚将剩余的罗汉头像全部收回。经过陈先生和两岸的共同努力，1999年3月30日，十八尊罗汉头像时隔六年后回归故里，在当地雕塑艺人和专家们的精心研究及细致修复后，又栩栩如生地重现在人们眼前。

鉴于资寿寺的建筑、壁画、彩塑具有较高的文物价值，2001年被国务院公布为第五批"国保"。

迎江寺——铁锚把门的寺院

经常出入寺院的人们也许对于山门前摆放一对石狮子并不陌生，但是有谁见过摆放一对铁锚的呢？

安徽省安庆市枞阳门外的长江边上屹立着一组殿堂巍峨的寺院建筑群，在十里开外的江面上就能见其雄姿。这座寺院名叫迎江寺，取迎江而立之意，不过这并不是它的本名。迎江寺创建于宋开宝七年（974年），最早名为"古万佛寺"，由于地处要地，历朝香火兴盛，延绵不绝，逐渐形成了今天的建筑规模。整座建筑群占地3万余平方米，由山门、天王殿、大雄宝殿、振风塔、毗庐殿、藏经楼、法堂等组成。振风塔是迎江寺最具特色的建筑，又名"万佛塔"，建于明隆庆四年（1570年），由当时的安庆知府王宗徐主持修建。振风塔临江而立，楼阁式砖石结构，八角七层，高60.86米。底层建有宽大的基座，自下而上按比例逐层收分，保持了良好的稳定性。塔内设有168级台阶，拾级盘旋而上可直达顶层。每层塔门虚实交错，平台上围以白石栏杆，可登临远眺。塔身嵌有佛像、历史神话故事雕像及碑刻。整座塔

迎江寺山门前摆放有一对铁锚，高耸入云的为振风塔

设计精巧，造型别致，结构新颖，具有很高的文物价值，2006年被国务院公布为第六批"国保"。

令人称奇的是，迎江寺的山门两侧各摆放了一只重达3吨的铁锚，这是何故？据民间传说，因安庆地形如船形，而迎江寺中的振风塔恰似桅杆，若不以锚镇固，安庆城就将随江东去，故而设之。听起来颇有道理，但是除了风水上的考虑，铁锚摆在这里就没有其他意义吗？自古以来长江上往来的船只就非常频繁，难免发生意外，现实中高耸的振风塔不仅仅是一座佛塔，更是一座指引航向的灯塔；山门前放置一对铁锚显然也有保佑往来船只平安之意，而过往的信徒们要到迎江寺烧香拜佛，也需要在山门前找地方拴挂缆绳，铁锚岂不就发挥实用功能了吗？真是善哉善哉！

济宁东大寺——中国伊斯兰建筑代表作之一

京杭大运河作为中国古代南北经济大动脉，至今仍发挥着举足轻重的作用。沿河形成的许多交通重镇和贸易集散地，已经成为历朝历代的

经济枢纽。济宁市便是这样的一座运河城市，它"南通江淮、北达幽燕"，"通则全河通，不通则全河停"，极盛时河道中央舟船络绎不绝，两岸码头车水马龙，商贾店铺鳞次栉比，吸引着全国各地的商人。回民是其中较为特殊的一支，他们信奉伊斯兰教，边经商边宣教。元朝初期，大批回民经大运河移居济宁，他们沿河定居，兴建起许多清真寺，其中位于最东面的东大寺是最大和最特殊的一座。

济宁东大寺日月坊

传说东大寺是朱元璋为表彰战功彪炳的回民将领胡大海而敕建，但这仅限于民间传说，很难找到确切的文献佐证。据寺内清同治年间碑记载，明成化时由当地穆斯林社首马化龙父子出资将附近的一座古寺迁至此地，清乾隆年间钦赐重修，始具今日规模，"其气魄位列全国清真寺木构建筑之冠"。又据民国二十九年（1940年）公建顺河东大寺碑记载，寺创建于明成化年间，清康熙年间穆斯林集资重建，建筑规模宏伟，"洵属南北回教寺院之冠"。

全寺占地面积6200多平方米，建筑面积4518平方米。主要建筑由东西轴线排列，共分三部分，依次为序寺、大殿、望月楼。序寺部分包括大栅门、石质牌坊"日月坊"、大门、邦克楼和南北讲堂。大殿是寺院的中心部位，由卷棚殿、正殿和后窑殿三部分组成，以独特的"勾连搭"形式组成。建筑坐西朝东，这是遵照伊斯兰教规的礼拜方向。卷棚殿面宽5间，由3排18根立柱支撑；正殿为单檐歇山式，减柱造结构，面宽7间；后窑殿为乾隆下江南时敕建，高达30米，三层楼阁，上部为六角攒尖式窑顶。望月楼，顾名思义是穆斯林"斋月"期间登高望月的地方，为双层砖木结构。楼北面还设有沐浴室。寺内梁枋彩绘多以"旋子"、"缠枝莲"

济宁东大寺邦克亭

的中原风格为主，同时配以阿拉伯文组成的经字画，如中堂、对联、圆光、岔角等装饰风格，融合中西，彰显了独特的宗教内涵。

济宁东大寺建筑规模巨大，气魄雄伟，布局合理，结构严谨，集伊斯兰和中原建筑艺术风格为一体，是我国伊斯兰教建筑的代表作之一，也是研究明清时期济宁运河文化和伊斯兰文化的实物载体，目前已成为大运河申报世界文化遗产的重要项目之一。2006年，济宁东大寺被国务院公布为第六批"国保"。

小道观见证大历史

天津市红桥区如意庵大街何家胡同18号，在鳞次栉比的楼群下并不起眼。这组建筑名为"吕祖堂"，始建于1719年，包括山门、前、后殿、东、西厢房和五仙堂等，面积约600余平方米。作为供奉吕洞宾的道观，它与国内众多的道观看上去并没有什么两样。然而在一百一十年前的个把月间，这里却一度成为一个极为重要的指挥所，曾经有机会改变那段中国人已铭记百年的沉痛记忆。

众所周知，1900年是中国农历庚子年，这一年6月10日，英、美、

天津吕祖堂

德、意、法、俄、日、奥八国联军2000多人在英国远东舰队司令西摩尔率领下，自塘沽登陆，兵锋直指北京，在迅速瓜分中国屡屡受阻的情况下，侵略战争不可避免。

清政府腐败无能更加激起了民众的自发反抗，当时最为有名的民间组织就是义和团。他们提出了"扶清灭洋"的口号，以布包头，长衣短褂，系宽布腰带，腿扎裹腿，足蹬麻鞋，手持刀枪棍棒，赶赴前线。各地的义和团都有不同的坛口和名号，多以中国传统的五行八卦表示。由于"乾"代表天，方位南方，属火，颜色为红色，最为义和团所喜欢。在当时的外国人眼里，北方的城乡几乎成了一片红色的海洋。天津静海人曹福田就率领着这样一群"乾字团"的队伍，他贫民出身，当过几年兵，1900年，在老家组成义和团，自任首领，队伍发展到了上万人。6月14日，当西摩尔联军受阻于廊坊、落垡、杨村一带时，曹福田率庆云、盐山、黄骅、静海等县义和团六七千人驰援天津，将指挥所设在城西吕祖堂内，这里也成为当时天津义和团活动的中心之一。

6月17日凌晨，八国联军炮轰大沽口，上午攻陷炮台。第二天，俄军2000人侵占天津老龙头火车站（今天津东站），曹福田闻讯后，立即率领义和团迎战。他们团团围住盘踞在火车站内的俄军,激战10余小时,毙伤俄军500多人,一度夺回车站以北沿线的全部据点,把敌人赶出车站。21日,他又率部阻击从廊坊败退的西摩尔部,一直到23日,大沽口登陆的八国联军才到达天津租界,向天津城发动进攻。各路义和团和聂士成率领的清军与敌人展开激战,7月9日,聂士成在八里台恶战中战死,守军失去指挥。

吕祖堂也许可以成为中国人改变历史的见证地之一。但是历史不可改变,由于慈禧太后摇摆不定,从山海关等地调来的清军不仅兵败如山倒,还不时向义和团开火,使义和团两面受敌。最终八国联军攻陷天津,义和团被迫撤离。后来发生的事情大家都知道,笔者也不愿赘述。

曹福田从天津撤离后,转年被清政府捕杀,其他各路义和团最终也倒在清政府和地主的屠刀下!然而他们所唤起的"民族精神"却如同顽强的小草一样,烧不尽,砍不断。时光荏苒,百年来的吕祖堂不正是最好的见证吗?1982年,吕祖堂遗址被国务院公布为第二批"国保"。

圣索菲亚教堂——远东最大的拜占庭教堂

拜占庭原是一座靠海的古希腊移民城市,位于连接黑海到爱琴海之间的战略水道博斯普鲁斯海峡,扼制海陆商业要道,地理位置十分优越。公元330年罗马皇帝君士坦丁一世在此建城,作为罗马帝国的陪都,并改名为君士坦丁堡(今土耳其伊斯坦布尔)。公元395年庞大的罗马帝国饱受各路蛮族侵扰,为便于管辖而将帝国一分为二,东部帝国即以君士坦丁堡为首府,因此东罗马帝国又称为拜占庭帝国;西部帝国则以意大利罗马为中心。在基督教方面,以君士坦丁堡为中心的东派教会和以罗马为中心的西派教会间,因政治、经济、文化上的差异,矛盾逐渐尖锐。双方都认为自己的教会才是由基督所开创的最原始的教会,东部教会在自己的名称里头加上了"正"(正统)字,表示自己保留了最原始的教导和崇敬的教会传统。拜占庭、希腊、东欧、俄罗斯等地都深受东部教会的影响,人们习称为"东正教"。

哈尔滨圣索菲亚大教堂

君士坦丁大帝在君士坦丁堡修建了圣索菲亚大教堂（St. Sophia Church），意为"神的智慧"，这是拜占庭建筑艺术的典型代表，并对后代东正教堂的建筑风格产生了极大影响。其中远东地区最大的一座便是哈尔滨的圣索菲亚教堂。

哈尔滨圣索菲亚教堂位于松花江南岸，通高53.35米，占地面积721平方米，气势恢弘，精美绝伦。很难想象这座精美的宏大建筑最早只是沙俄军队的随军小教堂。20世纪初，沙俄东西伯利亚第四步兵师侵入哈尔滨，为稳定军心，修建了一座全木结构的教堂，规模很小，后捐赠给哈尔滨的俄罗斯东正教会。当时哈尔滨在远东军事、贸易中的地位日益重要，聚居于此的俄罗斯人达数十万众，当地的东正教会对这座木质教堂进行了数次改造和扩建。1923年俄国建筑师克亚西科夫主持了最后一次扩建设计，经过9年的精心施工，成为我们今天看到的教堂模样。

教堂的风格深受拜占庭建筑风格影响，墙体全部采用清水红砖，中部突起很高的、带拱券长窗的16面体鼓座，上冠巨大饱满、装饰精美的洋葱头穹顶，统率着四翼棱锥式、大坡度的四个大小不同的帐蓬顶，形成主从式结构组合。四个楼层之间有楼梯相连，前后左右有四个门出入。正门顶部为钟楼，上有七座铜钟，恰好能敲出7个音符。每逢盛大节日，由训练有素的敲钟人手脚并用，就可以敲打出抑扬顿挫、响彻云霄的钟声。据说，每当大钟敲响，远在28千米外的阿城都可以听到。巍峨壮美的圣索菲亚教堂，构成了哈尔滨独具异国情调的人文景观和城市风情，同时，它又是沙俄入侵东北的历史见证和研究哈尔滨市近代历史的重要珍迹。1996年11月，被国务院公布为第四批"国保"。

祠堂坛庙

武梁祠——历史与现实的百科全书

位于山东省嘉祥武翟山北麓武家林的武氏墓群石刻俗称"武梁祠",由于画像内容丰富、雕刻精美,很早便蜚声中外。宋代著名金石学家赵明诚《金石录》和文学家欧阳修《集古录》中即有武梁祠石刻的记录。

据祠内石阙铭文的记载,武氏家族是东汉末年的贵族,世代为官,较有名的有武梁、武开明、武班、武荣,他们的墓葬和祠堂均建在这里。由于历史上嘉祥一带是黄泛区,历经洪水淤漫,武氏祠堂全部被泥沙掩埋,直到清乾隆年间,金石学家黄易到济宁任职,才逐步使这些珍贵的石刻重建天日,使它们得到整理和保护。

武氏墓群石刻包括石阙、石狮、墓碑、画像等,是中国现存最大、最完整的汉代墓葬石刻,全面反映了东汉时期的社会状况,风土人情,典章制度,宗教信仰等。内容丰富、取材广泛,有华夏始祖东王公、西王母,伏羲、女娲,"三皇五帝";有孔子见老子、曹沫刺桓公、专诸刺王僚、聂政刺韩王、豫让刺赵襄子、要离刺庆忌、荆轲刺秦王、蔺相如完璧归赵、秦始皇泗水捞鼎等历史故事;还有"丁兰刻木事亲"、"老莱子戏彩娱亲"、"闵子骞御车失棰"、"曾母投杼"、"董永鹿车载父"、"孝孙原谷"、"孝子魏汤"、"杨伯雍义浆"、"三州孝人"、"韩伯瑜被笞"、"邢渠哺父"、"朱明和章孝母"、"李善抚孤"等孝子故事,以及"京师节女"、"齐义继母"、"梁节姑姊"、"楚昭贞姜"、"无盐丑女"、"鲁义姑姊"、"秋胡洁妇"、"梁高行"等列女故事。反映东汉社会现实生活的石刻则有楼阁庭院、宾客拜谒、庖厨、宴饮、娱乐、狩猎、车马出行等。高高的楼阁中端坐着主人和夫人,或有宾客拜谒,互致礼尚往来之意；主人安排丰盛的宴饮招待宾客，觥筹交错中，翩翩起舞的舞女身姿曼妙，艺人们有的击鼓，有的敲锣，有的吹笙，有的弹琴……还有翻筋斗、掷球等杂耍表演；庭院内庖厨们紧张地忙碌着，有的宰猪，有的剥羊，有的调面，有的洗鱼……另一侧的车马正等候出行。这不正是一幅活生生的汉代庭院生活图景吗？

嘉祥武梁祠石阙局部图像

武氏墓群石刻画像多采用减地阳刻法，雕刻精细，栩栩如生，不仅在艺术上还是思想上均具有极高的成就。1961年被国务院公布为第一批"国保"。

成都武侯祠——中国唯一的君臣合祀祠堂

"出师未捷身先死，长使英雄泪满襟"，作为一代名相，诸葛亮"鞠躬尽瘁、死而后已"的精神自古便为世人所称颂。流传千年的武侯祠就是人们纪念他的场所，各地多有分布。如陕西勉县武侯祠、南阳武侯祠、襄阳武侯祠、重庆奉节白帝城武侯祠、云南保山武侯祠、甘肃礼县武侯祠、浙江兰溪武侯祠、四川成都武侯祠等。这些祠堂各有特点，有的在他的耕读故地，有的在他曾途径之所，有的在他的后代繁衍之地。成都武侯祠则因与刘备陵庙合为一体而独具特色。

众所周知，"三纲五常"是中国封建社会推崇的伦理规范，"君为臣

刘备惠陵神道

纲"首屈一指,也就是说,作为君王的刘备和作为臣下的诸葛亮之间有着严格的等级区别,绝对不能乱了规矩。因此初建时期的武侯祠与刘备(汉昭烈帝)的昭烈庙相邻,但各自独立。整体环境庄严肃穆,杜甫描写的"丞相祠堂何处寻,锦官城外柏森森",的确如此。

那么,诸葛亮的祠堂是什么时候、什么原因"混"到刘备的陵庙里面去的呢?根据学者考证,由于历史上战乱频繁,刘备陵庙和武侯祠历经多次损毁。明朝初年重建时将武侯祠并入了"汉昭烈庙",形成了现在武侯祠君臣合庙的格局。这其中的缘由已无从可考,但足以说明诸葛亮在后人心中无与伦比的魅力,占据着崇高的地位。

今天我们看到的武侯祠建筑多为清康熙时期(1672年)重建。从南面步入正门,中轴线上依次排列着大门、二门、刘备殿、过厅、诸葛亮殿、三义庙等。这些建筑以刘备殿最为高大,诸葛亮殿略低于刘备殿,暗示着君臣关系。西侧柏树掩映的是刘备"惠陵",陵墓建筑由照壁、神道、寝殿等组成。

武侯祠中的石碑、匾额、楹联同样具有极高的文物价值。如唐代"蜀汉丞相诸葛武侯祠堂碑",立于唐宪宗元和四年(809年),著名宰相裴度撰碑文,书法家柳公绰书写,名匠鲁建刻字,因文章、书法、雕刻都出自名家,被誉为"三绝碑"。还有诸葛亮殿门左右颇负盛名的"攻心"联,为清人赵藩撰书,"能攻心则反侧自消,从古知兵非好战;不审势即宽严皆误,后来治蜀要深思"。借对诸葛亮、蜀汉政权及刘璋政权的成败得失的分析总结,提醒后人在治蜀、治国时要借鉴前人的经验教训。1961年,成都武侯祠被公布为第一批"国保"。

孔氏南宗家庙兴衰始末

曲阜孔氏家庙不论在国际、国内都具有重要地位和重大影响力,可谓世人皆知;然而鲜为人知的是它又被称为北宗家庙,与之对应的南宗家庙则位于浙江衢州,同样由孔子后裔奉祀管理。孔氏家庙为何会分置南北,它们又为何不合二为一呢?要想探寻其中的原委还要从900年前说起……

公元1127年,金兵攻陷北宋首都汴梁,将宋徽宗、钦宗两位皇帝,皇后、嫔妃、皇子、公主等皇室成员全部俘虏北上,逃脱的只有时任河北兵马大元帅的宋徽宗第九子康王赵构。他旋继皇位,与金南北对峙。为了

山东曲阜孔庙及孔府

浙江衢州孔氏南宗家庙思鲁阁，位于大成殿西侧，表达了南宗孔氏子孙思念山东曲阜和家人之意

沿袭汉代以来的祭孔礼制，孔子第48代嫡长孙、衍圣公孔端友带领族人随赵构南迁，是为南宗，其弟孔端操留守山东曲阜看护家庙，被金国封为衍圣公，称为北宗。自此，南北两名衍圣公并存达一百五十余年。

起先南宗一直寓居在衢州州学，后来宋理宗宝祐元年（1253年）拨款三十六万缗专门敕建南宗孔氏家庙。衢州家庙仿照曲阜孔庙规格，分为孔庙、孔府及后花园三部分，建筑房屋多达二百二十五列之多。可惜没过多久，这座恢弘的建筑群便毁于元兵之祸，现已荡然无存。忽必烈统一中国后，令南宗孔子第53代嫡长孙、衍圣公孔洙北上曲阜，与北宗合并奉祀。孔洙面圣，表示衢州已有五代先祖坟墓，自己愿将衍圣公爵位让出以留守照看，获得了"宁违荣而不违道，真圣人之后也"的赞誉。然而，南宗也因此失去了衍圣公的世袭爵位，再也无力重建家庙。

二百多年过去了，明弘治十八年（1505年），衢州知府沈杰奏请恢复南宗爵位，转年明武宗正式授予南宗孔子59代孙孔彦绳翰林院五经博士，子孙世袭。1520年，明武宗又拨下巨款重建衢州家庙。新建的孔庙依然仿造曲阜孔庙规格，建筑占地面积一万余平方米。整个建筑群坐北朝南，平面呈3条轴线布局。东轴线上有孔塾、崇圣门、崇圣祠、圣泽楼等建筑；中轴线上有孔庙大门、大成门、甬道、大成殿、东西庑等建筑；西轴线上有五支祠、袭封祠、六代公爵祠、思鲁阁等建筑。西轴线西侧还增建了世袭五经博士署，其后为孔府内宅。重建后的南宗孔庙再次恢复往日的风采，清代也多次拨款将家庙修葺一新。

1936年，民国政府废除封建爵位，衍圣公改称"大成至圣先师奉祀官"，翰林院五经博士也改称"大成至圣先师南宗奉祀官"，仍旧承袭奉祀孔庙。抗日战争时期，日军两次攻陷衢州城，他们觊觎孔庙珍藏的祖传瑰宝——孔子及亓官夫人楷木像而未得，恼羞成怒之下焚烧建筑，砸毁牌匾，南宗孔庙再次遭到严重破坏。抗战胜利以来，中央政府多次拨款进行了修缮复建，1996年衢州孔氏南宗家庙被国务院公布为第四批"国保"。

社稷坛——第一个被辟为公园的皇家坛庙

许多人到北京只知道天安门西侧有一座中山公园，也许并不知道这里是最早对公众开放的皇家坛庙，更不知道这里曾是明清两朝皇帝供奉五色土、保佑江山永固的神圣的祭祀场所。

"社稷"一词作为国家和皇权的象征，历来被封建统治者所重视，有着一套严格的祭祀制度。《白虎通》中说："人非土不立，非谷不食。土地广博不可遍敬也，五谷众多，不可一一祭也，故封土立社，示有上尊。稷五谷之长，故封稷而祭之也。"明永乐皇帝朱棣兴建北京城时，按照《考工记》中有关国都布局"左祖右社"的规矩，在紫禁城西南方营建了社稷坛，专用于皇家祭祀社稷的场所。主体建筑包括社稷坛、拜殿，及附属的戟门、神库、神厨、宰牲亭等，多是永乐年间修建的。

社稷坛是一座三层的方坛，用汉白玉砌成，自下向上逐层收缩。坛面上铺垫着黑（北方）、青（东方）、红（南方）、白（西方）、黄（中央）五色土，以五行学说中的五色对应五方。中央有一"社主石"，象征"江山永固，社稷长存"。为了便于祭祀前后休息或者碰到风雨天不影响

社稷坛，前方为五色土，后方的建筑为拜殿，1925年孙中山逝世后曾在这里接受民众吊唁

祭祀活动，朱棣还在社稷坛的北面增建了一座拜殿，也叫祭殿和享殿。

溥仪退位后，社稷坛闲置下来，守坛的人开始在坛内饲养猪羊，许多地方被用来种植苜蓿作为饲料。1913年民国政府接管社稷坛后朱启钤提议将其辟为公园。公园开放前，短时间内进行了大面积的整修，开辟了面对长安街的正门，凿开了东坛门的围墙，修成了月亮门的样式。1914年10月10日，被改建成"中央公园"的社稷坛正式向公众开放。1915年以后，又在园中添建了河塘、叠石和其他建筑，社稷坛的戟门也被改为殿堂。

1925年3月12日孙中山先生逝世后，他的灵柩被停放在拜殿中接受民众吊唁。为纪念孙中山先生，1928年民国政府将中央公园改名为"中山公园"，继续营造景观，并相继移入习礼亭、兰亭八柱亭、保卫和平坊及宋代石狮等文物。1988年，社稷坛被国务院公布为第三批"国保"。

靖远寺——寄托新疆锡伯族二百余年乡情

熟悉少数民族语言，尤其是满语的朋友都知道锡伯族。锡伯族主要分布在我国的东北和新疆。在新疆伊犁地区生活的锡伯族，至今还完整地保留着以满语为基础的语言和文字，而这种文化传统在东北地区几乎消失殆尽。

锡伯人世居东北呼伦贝尔大草原和嫩江流域，以狩猎、捕鱼为生。他们怎么会穿越内蒙古大草原，翻越阿尔泰山、天山，西迁伊犁河谷呢？这还要从240多年前的一个誓约说起……

乾隆年间，清政府先后平定了伊犁地区的阿睦尔撒纳和大小和卓叛乱，为了加强这一地区的边防，于二十七年（1762年）十月设置伊犁将军，开始移民戍边，实行军屯。尽管从各地抽调兵马，但时任伊犁将军的明瑞仍感觉驻防官兵不敷调用。当时东北地区的锡伯族仍以狩猎为生，能征善战，为将领所喜爱。明瑞听说盛京驻有锡伯兵四五千名，于是便请求朝廷征调。二十九年，乾隆皇帝同意调遣锡伯官兵1020名，连家属共计3275人西迁戍边。据锡伯族人介绍，当时乾隆曾答应锡伯官兵在伊犁驻防满60年，也就是到1824年便可以返回东北的家乡。于是这一年的四月十八日，在祭祀完家庙后，西迁队伍含泪踏上了征途。他们赶着牛羊，携家带口，经历艰难险阻，跋涉一年零三个月后抵达伊犁，比原计划足足提前了一年零九个月便完成了西迁的伟大征程。锡伯官兵西迁后，在东北老

靖远寺山门

家曾发生过这样一件感人的事情：一条随着康姓官兵西迁的家犬，三年后带着家书回到家乡。万里之遥，这条狗竟能寻路回归故土，代表了远涉边疆官兵对家乡亲人们的深深眷恋！

西迁的锡伯族官兵境遇又如何呢？他们在伊犁河谷一带组建了8个牛录（旗），垦荒种田，兴修水利，抗击侵略，开拓了自己的第二故乡。1781年，锡伯族人兴建了靖远寺，作为边疆守卫者们寄托思念、祈福纳祥的场所。就在西迁锡伯族60年的守望过了大半的时候，乾隆皇帝辞世了，在践约前的第25个年头（1799年），誓约随之被深深地埋进了河北遵化的裕陵……

随着锡伯官兵驻地南迁以及随后的阿古柏叛乱、俄国入侵及平叛等战事，靖远寺也遭到兵燹逐渐废弃。1888年，锡伯军民集资，在今天察布查尔锡伯自治县城以西5千米处的孙扎奇乡，重建靖远寺，历时5年方得以恢复往日的风采。其建筑、雕塑、彩绘等都具有多民族融合的特点，对于研究西迁锡伯族的历史、文化、宗教信仰、工艺美术和文化交流等具有重要意义。2006年，靖远寺被国务院公布为第六批"国保"。

德远堂——海峡两岸张氏族人的情感纽带

海峡两岸有两座名为"德远堂"的张氏家庙，一座位于福建省漳州市南靖县的塔下村，另一座在台南，它们的建筑形式、布局，包括建筑装饰和门楼、匾额、石柱上的题字、题词都一模一样，这是何故？

据南靖塔下村张氏族谱记载，张氏先祖于元末明初入闽后辛勤劳作，人丁日益兴旺，基业逐步奠定。为了抵御盗匪和野兽，族人沿着塔下村的沟谷两旁，建造了一座座集居住、防御等功能于一体的土楼建筑。最早的张氏土楼建于明崇祯四年（1631年），为七世东崖公所建，后来又陆陆续续建造了42座土楼。同时为敬奉先祖，弘扬祖德，他们于明末清初在村庄东面山坡上建造了自己的家庙——"德远堂"。

家庙坐北朝南，后依青山，林木葱郁，临风傍水，环境幽美。主体建筑占地约400平方米，具有典型的闽南古建筑风格。西南角入口处建门

德远堂全景

楼,门楼屋脊上装饰有云龙花鸟等彩绘泥塑。主殿为二进悬山顶建筑,前有照壁,两侧带厢房。一进为前厅,一、二进间设小天井。二进主体建筑面阔三间,正中悬挂着一块匾额,上书"德远堂"三个镏金大字。墙壁正中筑有神龛,排列着张氏历代祖宗的神位。两侧另设有左鼓石钟,作为祭祀之用。家庙前还辟有半圆形池塘,两侧石坪上耸立着23支高过10米的石龙旗杆,旗杆分成三节,下部铭刻姓名、世次、功名、年代科次、官衔品位爵位、年代等文字,中部浮雕蟠龙纹,杆尖或为笔锋状,或踞坐石狮等。这是为了纪念张氏杰出人物或对家乡有突出贡献者而设的,每杆代表一人。

　　张氏子孙至今已繁衍二十四代,第八代第四子、第十二代第二子先后移居台湾,现在台南、台中、台北、基隆、花莲等地,都有张氏的后裔。而与塔下村联系较为密切的要数张氏第十三代世祖张石敢的后裔。张石敢生活在康熙年间,因为家境贫寒,有一年的大年初一他离开塔下村,辗转到了台湾,最后在台南定居下来。他的子孙后裔在台南站稳脚跟后,不忘乡情,多次回到故乡捐资帮助维修"德远堂"家庙。为了方便在台南纪念先祖,张石敢后裔于同治九年(1870年)回故土认亲返回台湾后,特地依照"德远堂"的建筑形式、布局、门楼、题刻等的模样,在台南仿建了同样的家庙,也命名为"德远堂"。

正是为了纪念共同的祖先,海峡两岸的张氏才修建了同样的家庙。同宗同庙不正是他们血肉相连的明证吗?2006年,德远堂被国务院公布为第六批"国保"。

碧血丹心忠烈祠

人们常说:福如东海长流水,寿比南山不老松。南山有多座,而南岳作为其中最知名的一座,的确生长着许多不老青松,其中最多的一片便在香炉峰下,那里长眠着抗日战争中牺牲的众多民族英烈。

七七事变后,日军大举侵华,国共两党精诚团结共御外辱。1938年底,时任民国政府主席的蒋介石在南岳召开军事会议,中共中央副主席周恩来和八路军参谋长叶剑英也应邀参加。除战事外,会议就各战场阵亡官

南岳忠烈祠中轴线坐北朝南,依香炉峰而建

南岳忠烈祠纪念塔

兵多"暴尸战场"的问题进行了讨论,认为忠勇将士为国捐躯却死无葬身之地,生者还有什么面目见人?会后,蒋介石专门找来陈诚、薛岳安排修烈士陵园事宜,并把地点定在了南岳。

　　1940年9月10日,忠烈祠工程正式动工,但是由于战事激烈,工程时断时续,直至1943年7月7日,历时3年的南岳忠烈祠才得以竣工。

　　工程总设计师尚其煦先生早年与周恩来一起赴法勤工俭学,后参加过南京中山陵设计。因此忠烈祠的建筑形制沿袭了中山陵的设计风格,石墙碧瓦、苍松翠柏,显得格外庄严肃穆。整座陵园依山而建,分为祠堂和陵园两部分。祠堂中轴线由南向北依次建有正门(牌坊)、纪念塔、纪念堂和享堂等,全长240米。纪念塔是忠烈祠的标志性建筑,造型为一大四小指向天空的五颗炮弹,象征汉、满、蒙、回、藏等民族共同抗日;主塔的正面和左右面都用汉白玉镶嵌了"七七"二字,表示勿忘抗日战争的爆发日期。塔背面刻有时任第九战区司令长官薛岳的题词"寇犯卢沟,大波轩起。捐躯卫国,忠勇将士。正气浩然,彪炳青史。汉族复兴,永湔国耻"。过纪念堂,仰面铺276级石阶,山坡间大理石镶嵌"民族忠烈千古"六个大字。恭敬拾级而上,高处的享堂用乳白色花岗岩砌筑,平面呈

"十"字形，可容数百人，大厅靠后墙正中为祭台，供奉"抗日阵亡将士总神位"。祠堂四周有13座烈士陵墓，其中最大一座墓葬里埋葬着原国民党37军60师湘北抗日阵亡将士的遗骸，共2728具。这些勇士为保卫中华民族而壮烈捐躯，可歌可泣！

  1943年7月7日，忠烈祠落成典礼上，薛岳宣布，抗战以来，各忠烈将士，即日入祠，岁时奉祀。其中既包括张自忠、郝梦龄、佟麟阁、赵登禹等著名将领，又包括那些为抗战抛头颅、洒热血的千万无名英烈们。没有他们的舍生忘死，没有他们的浴血奋战，历时八年的浩劫不知更待何年，四万万同胞的苦难不知更待何年。忠烈祠享堂正檐下悬挂有蒋介石题写的"忠烈祠"匾额，其中"烈"字中的"歹"刻意少写一点，寓意"烈士少一点，胜利快一点"，这也代表了当年国共两党共同的心声。1996年，南岳忠烈祠作为中华民族团结抗日的象征和爱国主义教育基地被国务院公布为第四批"国保"。

村落民居

北京爨底下村为灶王爷保佑

传说灶王爷是玉皇大帝钦点的灶君,掌管各家灶房事务。他生活在各家的炉灶里,帮助人们生火做饭,并惩恶扬善,施舍天下劳苦百姓。农历每年的腊月二十三日,人们都会去祭拜灶王爷,奉上糖果、糖瓜之类美食,祈望粘住灶王爷的嘴,不让他到玉皇大帝那里说自己的坏话,以此来保佑阖家平安、幸福。

祈求灶王爷的保佑是中国传统的习俗,而过去流传下来的许多地名也带有这种习俗的影子。在北京西山门头沟区的斋堂镇有一座爨底下村,爨(cuàn),原意为"灶","爨底下"之名实有请灶王爷保佑,令全村人幸福、平安之意。

全村为韩姓居民,据记载该村祖先于明朝永乐年间从山西大槐树迁移至此,建立了家族的聚居地。这里是通往河北、山西、内蒙古的必经之路,因此既是重要的军事通道,又是对外交流与发展的商旅之路,明正德十四年(1519年)修建了国道后,村子逐渐繁荣起来。到康熙、乾隆时期,爨底下村已有8家买卖铺子,三四家骡马店,留下名号的有:瑞福堂、瑞庆堂、三义堂、保全兴等。这些建筑群坐落在山谷北

爨底下村一角

侧的缓坡上，坐北朝南，占地约1公顷。从对面山上俯瞰，整座村落布置形似"元宝"，气势宏伟，堪称风水宝地。村左有内青龙山、东坡梁、外青龙山、鳌峪东坡梁；村右有内白虎山、北坡楞子、外白虎山、柏峪台北坡；两青龙山和两白虎山交汇于柏峪台东坡，梁顶为祖山；而村对面山南坡梁则为朱雀山。

全村民居建筑以村北的山包为轴心，呈扇面形向下延展。一条街道将村落分为上下两部分。上村、下村被一条长200米、最高处20米的弧形大墙分开，村前又被一条长170米的弓形墙围绕，使全村结构严谨，更具防洪、防匪之功能。古民居以清代四合院为主体，基本由正房、倒座和左右厢房围合而成，部分设有耳房、罩房。主要分为山地四合院、双店式四合院及店铺式四合院。四合院的附属建筑主要有门外影壁、门内影壁、门楼、拴马桩、上马石等。民居装饰有砖雕、石雕、木雕、字画等，雕刻装饰多以象征吉祥的花卉、鸟兽为主，如喜鹊、蝙蝠、牡丹、荷花、莲蓬等，装饰的主要部位集中于建筑的屋脊、檐口、墙腿口、门墩石、门窗、门簪、门罩、墙壁及影壁等处。庙宇建筑主要有关帝庙（大庙）、娘娘庙、观音庙等。

1942年日军烧毁爨底下村房屋228间，如今全村保存完整的四合院仍有70余套，住房近700间，历经数百年沧桑巨变，整个村落依旧结构严谨，错落有致，四合院整体精良，布局合理，保持了明清时期的古村风貌。2005年被国务院公布为第六批"国保"。

黄山八面厅——木雕艺术的殿堂

黄山八面厅原名"振声堂"，是一座清代古建筑。这座建筑并不在安徽黄山，而是位于浙江义乌上溪镇的黄山五村。据记载，乾隆五十八年（1793年）左右，义乌西乡著名的火腿商人陈伯寅命其孙陈正道筹建振声堂，嘉庆元年（1796年）破土动工，一直到嘉庆十八年（1813年）落成挂匾。

建成后的振声堂坐西南朝东北，由一条中轴线和两条横轴线构成主体建筑和附属建筑。沿中轴线上依次分布有花厅、门厅、大厅、堂楼；中轴线南北两侧分别有两个三合院，四座厢厅，共八座厅堂，因此俗称"八面厅"。门厅和大厅是整个建筑的核心，是陈氏族人祭祀、会客、议事之地，其他六厅分布在东南西北四周。在结构上，每座院落都有正厅、厢房、走廊、天井，自成系统。厅与厅之间两相对称，但又各具特色；门厅内部有走廊小道，廊廊相连，厅厅相通。

整座建筑用材硕大考究，雕刻工艺精湛，尤以木雕工艺最为精致。走进八面厅，目光所及均布满了雕刻，人物、山水、花卉、鱼虫、飞禽、走兽、历史故事、神话传说、地方民俗……题材应有尽有；雕刻技法丰富多彩，减地浅浮雕、高浮雕、镂空雕、圆雕、半圆雕、镂空双面雕、锯空雕、平雕、线刻等运用得恰到好处，雕刻刀法简练娴熟，线条自然流畅，画面立体感强，形象生动，布局章法得当，不愧为一座木雕艺术的殿堂，具有很高的艺术价值。

黄山八面厅精美的木雕

众所周知，东阳木雕自唐发端，经宋元明形成独特的风格和装饰手法，而发展到清嘉庆、道光年间，进入了鼎盛时期。黄山八面厅的木雕工艺正是东阳木雕最为精致的典范之作，充分展现了东阳木雕精湛的雕刻技法和艺术成就。令人庆幸的是，黄山八面厅历经太平天国运动、抗日战争、"文革"，仅花厅及门厅正立面部分石雕、南拱门以及雕像和匾额被毁，其他建筑和木雕均保存完好。2001年，被国务院公布为第五批"国保"。

黄克强为革命卖祖屋

黄克强先生原名黄轸，后改名黄兴，克强是他的字。有关先生的事迹，国人早已熟知，他一生为反击封建帝制，缔造民主共和的努力将永彪史册。崇敬之余，笔者有幸瞻仰了先生的故居。

这是一处典型的江南农家大庄院。院子位于湖南省善化县龙喜乡凉塘（今长沙市长沙县黄兴镇），坐北朝南，前临水塘，后辟花园，左栽石榴，右植紫竹；塘畔垂柳蔽日，园内鲜花盛开，还有一条护庄河环绕流淌，一派祥和宁静的田园风光。院内共有房屋数十间，主体建筑有十二间，二进五开间，上下堂屋之间辟有天井，并配有东西厢房。另外还有牛碾房、谷仓、厨房等附属建筑。建筑结构为两面坡，清水檐，土坯木结构。院子的主人正是黄兴的父亲黄筱村先生及母亲罗夫人，清同治十三年九月十六日（1874年10月25日），黄兴便诞生在这样一个家境殷实的知识分子家中。

黄兴故居大门

父亲在家开设私塾，受他的影响，黄兴5岁发蒙读书，学习诗经、论语、唐诗宋词。他学习勤奋，12岁考中秀才，14岁由长沙湘水校经堂新生，被保送到武昌两湖书院深造。两湖书院在当时是一所比较新式的学堂，课程除经史文学外，还有天文、地理、算学、测量、化学、博物学以及兵操等新学科。黄兴在校期间，笃志向学，成绩非常优秀。

除了学习之外，黄兴在大庄院里无忧无虑地生活着，徜徉在塘间花海中，当然他也喜欢跑到田间地头，听乡间老辈讲太平天国洪秀全、杨秀清的故事，识字后他更是喜读太平天国杂史。这在小黄兴的心中逐渐撒播下革命的种子，他后来在两湖书院学习期间，开始对西方的革命思想和民主学说深感兴趣，课余时间买来各种西洋革命史和卢梭《民约论》等书阅读，甚至连早晚洗漱时都不停下。

黄兴从小还师从浏阳李永球学习乌家拳术，一方面练就了强健的身体，另一方面也培养了他爱好军事、体育的兴趣。后来在两湖书院学习时，他的兵操成绩非常优秀，而到日本留学期间，他在课余曾请日本军官讲授军事课程，每天清晨必练习骑马、射击，这些训练都为他日后领导武装起义奠定了基础。

正是成长在这样一个童年环境下，黄兴在离开祖屋以后便走上了革命之路。黄兴也对这里怀有深厚的感情，曾留下"惊人事业随流水，爱我园林想落晖"的思乡诗句。然而为了筹集革命经费成立华兴会，黄兴先后将祖屋连田产卖掉。当时父亲已经去世，继母深明大义，支持他的义举。从此，祖屋数易其主，20世纪80年代，才由政府收归国有。1988年，经过整修的黄兴故居被国务院公布为第三批"国保"。

任弼时同志生活十余年的故居

2010年10月27日，任弼时同志逝世60周年。这位伟大的马克思主义者、杰出的无产阶级革命家、政治家、组织家，中国共产党和中国人民解放军的卓越领导人，为中国的解放艰苦奋斗30年，积劳成疾，还没来得及休息和享受，就因心脑血管病英年早逝，悲哉！

任弼时，原名任培国，1904年4月30日出生在湖南湘阴（今岳阳汨罗市）南唐家桥的新屋里。新屋聚居有三家，包括任弼时一家与两个叔父家。二叔任裕恒曾留学日本和英国伦敦大学，1926年任湖南大学校长，是我国著名经济学家；小叔任裕敬曾留学美国威尔纺织学院，是我国第一代纺织工程专家；父亲任裕道则以教书为业，虽然比较清贫，但是借着祖上和兄弟们的光，还是住进了这处宽敞明亮的"任家新屋"。

新屋背依山丘，坐东朝西，占地3600平方米，很有规模。四周三面环山，苍山叠翠，景色迷人。从半圆形池塘边的大门步入新屋，看到青瓦顶三合土地面，青砖落地，马头墙高耸，中、上进4间正房和偏屋窗户采用回纹窗格和透雕人物、花鸟图案，为典型的一套清式民居砖木式建筑。故居分上中下三进，外加一罩亭，共有大小房屋37间。其中上进左边7间屋子为任弼时一家居住。任弼时就是从这里诞生，并度过了童年和少年时代，前后生活了十余年。这里也成为任弼时生活、成长的摇篮和立志救国救民的启蒙地。1988年，任弼时故居被国务院公布为第三批"国保"。

离开家乡后，任弼时加入了中国共产党，留学莫斯科，从此开始了不朽的人生旅程。不管是大革命时期，长征，还是到延安、西柏坡，他都勇于同各种不良倾向作斗争，坚持原则，不徇私情。他对事业和工作恪守着"能坚持走一百步，就不该走九十九步"的准则，长期抱病工作。逝世后，叶剑英同志曾非常中肯地评价说："他是我们党的骆驼，中国人

任弼时故居内景

民的骆驼，担负着沉重的担子，走着漫长的艰苦的道路，没有休息，没有享受，没有个人的任何计较。他是杰出的共产主义者，是我们党最好的党员，是我们的模范。"

庐山近代别墅屹立百年不倒

中国的房地产业正繁荣似锦！然而颇具讽刺意味的是，随着房地产商的日进斗金，房子的质量却日益堪忧，"楼歪歪"、"楼脆脆"、"楼倒倒"等问题楼盘比比皆是。据有关统计，目前中国房屋的平均寿命只有30年，看来在质量方面，贪心的开发商真该向他们的前辈好好学学了。

前辈有很多，李德立当属特别的一个。他本是英国的传教士，在中国传教之余涉足房地产业，展现出非凡的经商天赋。众所周知，中国夏季普遍酷暑炎热，尤其是江南的许多城市都如火炉一般，这让许多有钱人，尤其是外国人不堪忍受。他们便四处寻觅避暑胜地，长江南岸的庐山地处江湖之会，交通便利，地理位置非常优越，山顶牯牛岭一带北有崇山屏障，南向开阔，地势平坦，林木茂盛，空气清新，气候凉爽，独特的地质条件和宽衍如谷的盆地自古便引起了人们的注意，这里无疑是建设避暑胜地的佳地。19世纪末，李德立骗取得了牯牛岭的建屋许可，他采取划地分号、登报出售的办法，将土地按一定的面积分成小块，限制建设密度却不限制建筑式样向外国人拍卖。他还专门成立了牯岭（Cooling，"清凉"之意）公司，精心设计规划牯牛岭的别墅群，开辟道路和公共绿化带，将别墅、教堂、学校、医院、邮局、银行、游泳池、网球场、影剧院、图书馆等建筑合理安排、有机结合。考虑到山顶风疾雨大的特点，这里建筑多用石材，屋面用镔铁瓦覆盖，并大多涂刷红色油漆防锈。那粗犷而厚重的石头墙面、精致的老虎窗和烟囱、高耸的屋顶和低矮的短墙、鲜艳的红色铁皮瓦屋顶和灰色的鱼鳞板在绿色林海的掩映下，随山势起伏，错落有致，构成了一幅浑然天成的美丽图景。

历史上的庐山曾经是著名的浮屠圣地、世外桃源，也是书院讲堂的中心。然而经过近代李德立多年的开发建设，一座喧嚣热闹、极富异域情

庐山牯牛岭一带地势平坦，是建设避暑胜地的佳地

调的山顶城市取代了曾经的文化传统。此后，无数的传教士、商人、军阀、政客先后涌上庐山，这里也变成了清末民国时期的基督教中心和蒋介石统治时期的政治中心。最盛时，庐山上建有房屋1000栋左右，来自英、美、法、俄、德、意、荷、比、葡、挪、瑞、芬、日等约20个国家的几千名外国人和几十个教会建设了600余栋各式别墅及公共建筑。这些别墅和建筑经过精巧的设计、细致的建造，尽管数易主人、历经沧桑，依然美观耐用，与百年来的中国历史一道谱写下一段段传奇。如著名的"美庐"1903年由英国的西伊勋爵所建，后成为蒋介石、宋美龄的夏都官邸，20世纪50年代的庐山会议期间，毛泽东也曾住过这里；还有金陵大学创始人——美国传教士文怀恩1902年建造的中八路359号别墅，后为江西省主席熊世辉购得，庐山会议期间朱德住在这里；还有美国传教士歇尔曼1919年修建的442号别墅，后为美国总统特使马歇尔居住，庐山会议期间周恩来住在这里；还有俄罗斯风格的柏树路124号别墅，后为国民革命军第三军军长朱培德居住，庐山会议时刘少奇住过这里；还有1898年美国圣公会建造的176号别墅，庐山会议时彭德怀、黄克诚居住于此；还

有诺贝尔奖获得者赛珍珠家的中三路283号别墅,位于香山路479号"万松林"的李德立别墅,冯玉祥别墅,张治中别墅……

在中国的名山大川中,庐山无疑是最独特的一座。其独特之处不仅仅在于"匡庐奇秀甲天下",更在于它所积淀的深厚的、绝无仅有的历史、文化内涵。1996年11月20日,庐山近代别墅(美庐、124号别墅、176号别墅、359号别墅、442号别墅)与庐山会议旧址,被国务院公布为第四批"国保"。同年12月,庐山作为"世界文化景观",被联合国教科文组织列入世界遗产名录。

河东路176号别墅

学校馆舍

白鹿洞书院——七百年教育思想发源地

白鹿洞顾名思义,即指有白鹿的洞。这个地方在江西九江庐山五老峰南麓的后屏山脚下,山峰环绕,古木掩映,溪水长流,从外面进来曲折幽深、别有洞天,因此有"洞"之称。而白鹿则由唐代洛阳人李渤豢养,他在此地隐居读书,养一白鹿自娱。此鹿通人性,常跟随左右,且能跋涉数十里替主人购置笔墨纸砚和书籍,故时人称李渤为"白鹿先生",称这里为"白鹿洞"。

南唐升元四年(940年),南唐政权将白鹿洞正式辟为书馆,专事藏书讲学。宋初,白鹿洞书院与当时的岳麓书院、应天府书院、嵩阳书院并

白鹿洞书院棂星门

嘉靖年间开凿的白鹿洞和雕刻的石鹿

称为"四大书院",被誉为四大书院之首。后书院建筑毁于兵火。南宋淳熙六年(1179年),宋代理学家、教育家朱熹在南康(今星子县)任职期间,四处呼吁重建书院,并亲自讲学。他还广邀国内著名学者在此讲经论理,其中不乏异己者,陆九渊即是一个,他们二人曾发生过著名的鹅湖论辩。但朱熹并不因此将陆九渊拒之门外,仍盛情邀请他前来讲学,被传为佳话。白鹿洞书院自此名闻天下,成为宋明理学的研究教育中心,"一时文风士习之盛济济焉,彬彬焉"。

为了管理学院,约束学生的行为,朱熹还制定了《白鹿洞书院揭示》:"父子有亲,君臣有义,夫妻有别,长幼有序,朋友有信。右五教之目。尧舜以契为司徒,敬敷五教,即此是也,学者学此而已。而其所以学之之序,亦有五焉,具列如左:博学之,审问之,慎思之,明辨之,笃行之。右为学之序。学问思辨四者,所以穷理也。若夫笃行之事,则自修身以至于处事、接物,亦各有要,具列如左:言忠信,行笃敬,惩忿窒欲,迁善改过。右修身之要。正其谊,不谋其利;明其道,不计其功。右处事之要。己所不欲,勿施于人;行有不得,反求诸己。右接物之要。"

短短一百来字,却包含了丰富的内容,提出了教育的目的、内容,以及为学之序和修身、处事、接物的要领,体现了朱熹以"格物、致知、诚意、正心、修身、齐家、治国、平天下"等一套儒家经典为基础的教育思想,成为以后影响中国封建社会七百年的主要教育思想,并传播到朝鲜半岛、日本和东南亚等地,可谓影响深远。

宋代以后书院又几经兴废,直到1901年慈禧太后提出"废科举、兴学堂"的新政后才彻底停办。书院冷落,而建筑依旧。如今,书院以礼圣殿为中心,组成了明伦堂、文会堂、御书阁、白鹿洞、朱子祠、思贤台、状元桥、棂星门、碑廊等三百六十余间房屋的庞大古建筑群,与周围的山川环境融为一体。1988年,白鹿洞书院被国务院公布为第三批"国保"。

重庆育才学校的启示

在重庆合川草街镇古圣村凤凰山古圣寺内,保存着一座抗日战争时期的育才学校。这座由中共南方局支持、陶行知先生创办的学校在2006年被公布为第六批"国保"。它的价值不在于清代的校舍,不在于教师的名气,而在于先生实践的平民教育和教育思想。

陶行知祖籍浙江绍兴,1891年生于徽州歙县西乡黄潭源村一个贫寒的教师之家。1914年留学美国入伊利诺大学获政治硕士学位,半年后便毅然转学哥伦比亚大学,师从杜威、孟禄、克伯屈等美国教育家研究教育,希望通过教育改变中国贫穷落后的面貌。陶行知学成归国后,正赶上五四新文化运动,他积极参与"教育救国",先后赴各地开办平民识字读书处和平民学校,推动平民教育运动。1927年3月,他在南京北郊晓庄创办乡村师范学校晓庄学校,创办第一个乡村幼稚园燕子矶幼稚园。1939年7月在重庆创办了育才学校。1946年1月,在重庆创办社会大学。在这些平民教育实践中,陶行知先生提出了"生活即教育"、"社会即学校"、"教学做合一"等教育思想,在他的教育思想中非常重视德育教育,他认为"先生不应该专教书,他的责任是教人做人;学生不应该专读书,他的责任是学习人生之道"。"道德是做人的根本。根本一坏,纵然使你有一些学问和本领,也无甚用处"。"教师的职务是'千教万教,教人求真';学生的职务是'千学万学,学做真人'"。"私德为立身之本,公德为服务社会国家之本"。

重庆合川育才学校旧址校舍

走入育才学校,陶行知亲自制定的《育才三方针》、《育才十二要》、《每日四问》等教育主张映入眼帘。这些主张将诚实、礼貌、爱心等道德品德教育放在中心位置。比如"爱:根据孩子们愿意帮助别人的倾向,透过集体生活,我们培养和引导他们对民族人类发生更高的自觉的爱"。比如每日要问自己的道德有没有进步,等等。联想到近些年来假冒伪劣产品屡禁不止,豆腐渣工程屡见不鲜,大肆挥霍炫富事件频发,国人出游广受诟病……导致公众不断抨击社会诚信的缺失和道德的沦丧。很多人痛斥教育改革的失败,陈词虽激,却实实在在地指出了其中的一些问题:目前,"应试教育"、"功利教育"几乎成为各级教育机构的中心工作,而"德育教育"无疑成为教育中的短板。冰冻三尺非一日之寒,我们是不是该认真地反思呢?

1946年7月25日,陶行知突发脑出血病逝。2011年恰逢先生逝世65周年,就以这篇小文作为纪念吧!

"大学者，乃大师之谓也"

　　七七事变后，民国政府决定搬迁华北及沿海沦陷区的国立大学，在长沙、西安、福建等地设立临时大学。1937年8月28日，教育部任命北京大学校长蒋梦麟、清华大学校长梅贻琦、南开大学校长张伯苓三人为长沙临时大学筹备委员会常务委员，对搬迁到长沙的三所大学进行了合并。从11月长沙临时大学开课至12月，仅一月有余，长沙便面临陷落，

清华大学校园内塑立的闻一多先生雕塑

梁思成夫妇设计的西南联大铁皮顶教室

民国政府再次决定将临时大学南迁昆明。

1938年2月18日，闻一多先生为文学院的师生上了最后一课，他说："中国，不是法兰西，因为，中国永远没有最后一课！"转天，师生们召开誓师大会，开始分路前往昆明，其中最为艰苦的一路由黄师岳、闻一多、袁复礼、曾昭抡等男教师和210多名男同学组成，他们徒步行程3000余里，历时68天，书写下中国教育史上的伟大"长征"。胡适曾赞叹道："这段光荣的历史，不但联大值得纪念，在世界教育史上也值得纪念！"

西南联合大学纪念碑，冯友兰撰文，闻一多篆额，罗庸书丹

在昆明，长沙临时大学改称国立西南联合大学，于5月4日开课，一直到1946年5月4日复员北上，整整8年时间。联合大学在昆明城西北地台寺附近购得124亩荒地（今云南师范大学校址），梅贻琦请梁思成夫妇设计校舍。由于经费困难，校舍一律建成平房，宿舍为土墙茅草顶，教室和办公室为铁皮顶。当时还是学生的杨振宁回忆，教室在下雨的时候，叮当之声不停。地面是泥土压成的，几年之后，满是泥坑。窗户没有玻璃，风吹时必须用东西把纸张压住，否则就会被吹掉。由于经费极其困难，甚至到了1944年，学校要把铁皮顶卖钱来维持办学开支！就是在这样的艰苦条件下，联合大学却取得了令世界瞩目和惊叹的成绩。据记载：联大共聘任教授302人，个个都是声名显赫的大家！如朱自清、闻一多、陈寅恪、罗常培、冯友兰、王力、罗庸、向达、潘光旦、朱光潜、汤用彤、沈从文、钱穆、金岳霖、陈贷孙、张奚若、钱钟书、刘文典、费孝通、吴有训、叶企孙、陈省身、华罗庚、吴大猷、周培源、赵忠尧等。大师们以"刚毅坚卓"的精神培养出一批又一批的杰出人才，仅自然科学方面就有诺贝尔物

理学奖获得者杨振宁、李政道，国家最高科学技术奖获得者黄昆，"两弹一星"功勋奖章获得者屠守锷、郭永怀、陈芳允、王希季、朱光亚、邓稼先，新中国成立后获得中国科学院和工程院院士称号的有近百人。联合大学的学生们为中华民族及全人类都做出了伟大的贡献。

正如校长梅贻琦所说，"所谓大学者，非大楼之谓也，乃大师之谓也"。 2006年，国立西南联合大学旧址被国务院公布为第六批"国保"。

石窟寺篇

响堂山石窟是北齐佛教艺术宝库

河北磁县——一片普通而又不普通的土地。这里的农民世代务农,靠漳河和滏阳河的水养育着子子孙孙;同时,北方著名民间瓷窑,磁州窑的故乡即坐落在此。精美的瓷器至今仍在博物馆、拍卖行,或者收藏家的案头,散发着诱人的光环。县城东南10余千米处掩埋着的邺城遗址,那里记录着一段段辉煌的历史。"东风不与周郎便,铜雀春深锁二乔",美丽的诗句脍炙人口传颂千古,更为曾经是四朝古都的邺城披上了一道迷人的色彩。

北魏末年,军阀混战,造成了民不聊生的局面。高欢在群雄角逐中渐渐壮大了自己的势力,组成了北方最大的一个军事集团。公元534年,北魏孝武帝元修不甘心受高欢的胁迫,带领一部分大臣西奔关中长安,依靠宇文氏集团建立了西魏。同年10月,高欢拥立元善见做了皇帝,并把首都从洛阳迁到了邺城,历史上把这个政权称作东魏。据《洛阳伽蓝记》的记载,高欢当初在迁都的时候,洛阳一带很多寺院的僧侣尼姑也都跟着一同来到了邺城。因此,原来洛阳地区的佛教事业,基本被转移到了邺城,开始了新的发展。在高氏集团的直接倡导下,邺城一带的寺院在北齐末年发展到了4000多所,僧尼总数达到了8万人,形成了一个东方佛教的发展中心。高欢在迁都邺城的同时,还以晋阳,也就是今天的太原为陪都。由于高氏皇帝夏天喜欢到晋阳避暑,秋天再返回邺城,东魏、北齐的贵人们仆仆于两都之间,沿途逐渐修建起很多礼佛

北响堂石窟大佛洞主尊佛像

之所，响堂山石窟就是其中最为重要的一处。

响堂山，又名"鼓山"，距离邺城西北30～40千米。相传山上有二石，其形如鼓，南北相对。自晋至隋，石鼓常常自鸣，鸣则兵乱，屡有验证。如今，能发声的石鼓早已踪迹全无，但精美的石窟群却保留至今。

石窟群顺山势而造，依山体而凿，包括北响堂、南响堂、小响堂以及老爷山摩崖石刻共16座窟、300余个摩崖佛龛和4300余尊造像。北响堂位于和村东南鼓山山腰处，依山间台阶拾级而上，九座石窟排列在天宫庙峰腰间，以北齐开凿的三大窟为中心，分南、北、中三组。规模宏大、形制独特。根据窟前常乐寺遗址金正隆四年（1159年）《常乐寺重修三世佛殿记》的记载，北响堂石窟为北齐文宣帝高洋修建的皇家石窟。南响堂位于滏阳河左岸，与北响堂相距约15千米。七座石窟依山而筑，分上下两层，上层五座，下层两座。2窟门外两侧的龛内，被隋代磨平后刻成了《滏山石窟之碑》，上面记载着在北齐后主高纬当皇帝的第一年，也就是公元565年，由灵化寺的和尚慧义草创了南响堂，后来由当朝宰相高阿那肱出资建成了这处贵族石窟寺院。小响堂又名水浴寺，位于鼓山东坡、北响堂以东的薛村东山上。东西两座窟，摩崖造像2处，大小佛龛20个。窟前坡下有北宋的八角形经幢2座，有檐，上刻歌舞伎乐等图案及《佛顶尊胜陀罗尼经》及发愿文。

响堂山石窟佛像雕刻精美，构思巧妙，具有鲜明的时代特点。她一反北魏中晚期"深目高鼻、瘦骨清风"的人物造型模式，开拓出一种造型健壮、敦实厚重的风范；人物服饰也由北魏中晚期宽大的"褒衣博带"式回归到少数民族紧身"胡服"的风俗；独特的"塔形窟"结构以及窟内大规模刻经的开始等都形成了由东魏北齐，向唐朝承上启下过渡的一种艺术风格，也推动了中国的佛教文化更加繁荣昌盛。

郑孝燮先生曾经说："从山西太原经河北涉县、峰峰，到临漳邺城是一条北齐文化带，这个文化带的中心就在北响堂山，它虽不及大同云岗、洛阳龙门石窟的规模大，但有些地方是这两个地方所没有的独特之处。"1961年，响堂山石窟被国务院公布为第一批"国保"。

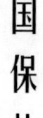

柏孜克里克神秘的38窟

在新疆吐鲁番市东北约50千米的火焰山下、木头沟西岸的悬崖上，分布着数十个精心开凿、满绘壁画的石窟群，当地人将它们称之为"柏孜克里克"，意思是"美丽的装饰之所"。据学者们研究，柏孜克里克最主要的洞窟是9世纪以后回鹘高昌的遗迹，最晚的洞窟可能迟至13世纪。因此，柏孜克里克堪称回鹘高昌王国的佛教中心。伊斯兰势力进入吐鲁番地区以后，这里逐渐衰落。如今，柏孜克里克作为一座规模宏大的宗教艺术宝库，1982年被国务院公布为第二批"国保"。

柏孜克里克石窟壁画内容丰富，有佛本生故事，经变故事，穿着回鹘族、蒙古族装束的供养人画像以及大面积的千佛画、图案装饰画等。绝大多数人相信，这些洞窟和壁画都是研究佛教的重要实物资料。然而，一个毫不起眼的、编号为38号的洞窟内却发现了明显不属于佛教的神秘壁画。

这幅神秘的壁画虽已残破，仍能看出三棵茂盛的宝树上长满红色的果

柏孜克里克石窟全景

柏孜克里克38窟正面壁画

实,树下有许多穿白色衣服的僧尼和有翅的红衣羽人形象。它究竟有着怎样的内涵呢?学者们考证,这幅壁画反映了回鹘高昌对摩尼教的信仰。按照摩尼教教义,光明王国中成长着生命树,它长有三根树干,象征光明王国统治世界的东、北、西三方。树下的白衣僧尼和红衣羽人都是在礼赞生命树的信徒和天使们。

朋友们也许对摩尼教的另外一个名称更加熟悉,那就是"明教"。金庸先生有一本著名的武侠小说《倚天屠龙记》,书中描写了中原、异域正邪武林门派,为争夺和保护武林至尊倚天剑、屠龙刀,展开殊死搏斗、恩恩怨怨的曲折故事。其中最为引人注目的一个帮派就是被所谓"名门正派"们称之为"魔教"的明教。明教源自波斯,是波斯古宗教摩尼教的译称,为公元3世纪波斯人摩尼所创立。中国还译为"明尊教"、"二尊教"、"牟尼教"等。由于摩尼教推崇"火"、"光明",因此明教中的"明"字即取"日月光明"的意思。摩尼教创立以后,很快传到中亚地区,并通过往来于丝绸之路的中亚商人进入中国。不过官方的记载是武则天时期(694年),波斯人拂多诞带着摩尼教经典来到中国。8世纪中期,回纥可汗助朝廷平定安史之乱,将摩尼教带到回纥,将之尊为国教。后来回鹘人又建立了高昌王国,摩尼教也在吐鲁番地区兴盛起来,留下了许多摩尼教绘画、石窟的遗迹，这也是柏孜克里克出现摩尼教洞窟的原因了。

在回鹘人的推动下，摩尼教也在中原迅速传播。各地兴建了许多摩尼教寺院，称为"大云光明寺"。明教徒也形成了一定的规模。比如五代陈州毋乙、董乙的起义和宋代著名的方腊起义，甚至包括白莲教起义都与明教徒有或多或少的关系。

剑川石窟——"西南敦煌"

金庸先生的武侠小说中有多位大理段氏人物，既有书呆子气十足的痴情公子段誉，也有处处留情的花花皇帝段正淳，还有慈眉善目的一灯大师，恶贯满盈的段延庆……他们虽然身居西南，然而无论文治武功、穿着打扮都与中原人物不相上下，尽管他们属于实实在在的少数民族——白族。

白族古称"白蛮"，是古老的僰人和汉人逐渐融合形成的。唐宋时南诏国的主体民族就是白族，而大理段氏的兴旺大约也在此时期。南诏国王阁罗凤树立的《南诏德化碑》中，碑阴题刻南诏官员名姓，排在第一位的段忠国就是后来建立大理国的段思平的先祖。

南诏国和后来大理段氏建立的大理国都信奉佛教。他们崇信的佛教来自中原、吐蕃以及印度等地，而其中通过古印度僧人经南方丝绸之路传入的密宗阿吒力教派影响最大。从南诏晚期（约1100年）经大理国，历时300多年建成的剑川石窟充分展现了白族的传统信仰。

剑川石窟位于云南大理州西北部的老君山脉，南距剑川县城25千米，包括石钟寺、狮子关、沙登箐三个石窟群，共有16窟139躯石雕造像。其中第6窟的八大明王造像在规模和雕凿水平上都堪称西南之最：三头六臂的明王，手持着各类法器，骑着各种异兽，露出愤怒的面容。两侧的多闻天王与大黑天高大威猛，服饰细节雕凿细腻。而雕有南诏始祖细奴逻及其后妃子女侍从造像、第五代王阁逻凤与众臣议事场面造像、第六代王异牟寻及其文武官员造像，以及"波斯国人"造像和大理国题记都是研究南诏、大理国历史文化的实物见证。这种表现皇室世俗形象的石造像，在佛

石钟寺6号窟内景

教石窟艺术中是非常罕见的。更为独特的还有白族人民的原始崇拜造像：在8号窟中，仰莲座上雕着一锥状物，中央凿一深槽，似女性生殖器，两旁墨书一联："广集生化路，大开方便门。"当地妇女称其为"阿央白"，是拜求子嗣的对象。

剑川石窟以其独特的艺术风格堪称我国石窟艺术的一绝，向有"西南敦煌"的美誉。它和中原各地的石窟艺术有着传统的联系，但又具有浓厚的地方民族色彩。雕刻采用了圆雕、深浮雕、浅浮雕相结合的手法，背景部分往往运用线刻，细腻生动，造型逼真，表现了我国西南地区少数民族的高超艺术水平。1961年被国务院公布为第一批"国保"。

披云子与龙山石窟

金庸武侠小说中，全真七子之一的丘处机侠肝义胆，悉心呵护英雄的后代。历史上的丘处机也同样是一位得道高人，受到了成吉思汗的赏识。他的真传弟子叫"披云子"，《祖庭内传·披云真人》记载丘处机曾对众弟子说："以后扶宗翊教，汝等皆不可及。"这个披云子何许人也，竟得到了丘处机如此高的评价？

披云子是丘处机授予的道号,他本姓宋,名德方,字广道,山东莱州掖城人,生于金大定二十三年八月一日(1183年)。他曾师事刘长生、王玉阳,后事丘处机。公元1220年,他随师父面见成吉思汗,是十八侍行者之一,后在长春宫(今北京白云观)修行。丘处机曾指点他说:"汝缘在西南。"这一吉祥方位恰好在山西一带,这也为披云子后来在山西弘扬全真教埋下了伏笔。

龙山石窟全景

披云子卧像

公元1234年，披云子应胡天禄之请在山西主持醮事期间，顺便游历了太原西山。太原西南一带为吕梁山余脉，层峦叠嶂，奇峰兀立，沟壑深邃，泉水清澈，松柏相拥，葱郁苍翠，自古就是风景名胜之所，佛教庙宇、石窟遍布山间。令披云子惊喜的是，他意外地在龙山之巅发现了一处道教庙宇的遗址，同时还发现了两个洞窟，其中一窟凿刻道教创始人张道陵等的塑像，而另外一窟雕有伏羲、神农和黄帝的造像。披云子意识到这里正是他修道的福地，也是一个弘扬全真教的良所，于是率领弟子留了下来。经过数年的营造，一座金碧辉煌、殿阁峥嵘的昊天观重新屹立于龙山之巅。他们还增修了五个洞窟，这些洞窟凿刻在一面庞大的峭岩上，虚皇龛位于龙山之顶，洞内雕有道教元始天尊及20尊诸虚皇道君神像；三清龛在其下，龛中正中雕刻元始天尊、灵宝天尊、太上老君坐像，两壁各雕6尊真人和侍者像；卧如龛位于三清龛东侧，洞中石台上正采用全真龙门派"玉龙盘体法"修道的卧像正是披云子本人；玄门列祖龛则雕有全真七子的站像，塑造了他们讲经论道的场景。石窟的藻井等处还雕有青龙、白虎、仙鹤、龙凤等祥瑞图案及元代的铭文题刻，彩绘装饰，雕刻技法朴实，人物形象敦厚，衣饰线条简练，风格粗犷，生活气息浓郁。整座石窟浑然一体，规模虽不大，但以道教石窟的罕见，堪称元代之最了。

开凿龙山石窟之后，披云子没有停止弘扬全真教的步伐，他又与弟子秦志安重新刊刻道教经典，维修吕洞宾故里永乐宫，去世后被追赠为"玄通弘教披云真人"。元代以后，龙山石窟历经浩劫，尤其是抗日战争期间遭到了日寇的盗毁。1996年被国务院公布为第四批"国保"。

后　　记

　　也许是因为骨子里流淌着黄帝的血脉，我打小就对中华民族悠久的历史文化感兴趣。自从1992年考上北京大学考古文博专业，很早便开始接触"国保"，但那时对于"国保"的理解和认识并不深刻。

　　转变始自2004年，我开始从事"国保"维修方案的技术评估工作，工作的性质要求自己必须熟悉"国保"的情况。从此，我便用心搜集相关资料，也拍摄了很多"国保"照片。因为工作的原因，有机会向国内众多的考古、古建、规划、文物保护、岩土工程等方面的专家学习，不用偷艺，可以光明正大地向他们请教。已经仙逝的如俞伟超先生、徐苹芳先生、杜仙洲先生等，他们的音容笑貌至今历历在目；老当益壮的如罗哲文先生、余鸣谦先生、黄景略先生、张忠培先生、严文明先生、徐光冀先生等；比他们年轻一点儿的如李伯谦先生、刘庆柱先生、黄克忠先生、冯水滨先生、朱光亚先生等；再年轻一些的有导师林梅村教授、齐东方教授、孙华教授、乔梁研究员、陈同滨研究员、王力军研究员、吕舟教授、汤羽扬教授、付清远研究员、韩扬高工、吴锐高工、张之平高工、王立平高工、杜启明研究员、贺林研究员、黄滋高工，等等；他们的谦逊学风、博学真知感染着我，时刻鞭策着自己努力前行，争取能够望其项背。在此向他们表示衷心的感谢和祝福！

　　人们常说"读万卷书，行万里路"，2009年以来，我有幸参加到国家有史以来最大规模的一次文物普查工作中，这项工作面向全国，无疑是自己开阔视野、强化学习的一次历练。两年来，国家文物局童明康、关强，中国文物信息咨询中心吴东风、刘小和、邓贺鹰，中国文化遗产研究院吴加安、乔梁，中国社科院考古所朱延平、傅宪国、朱岩石，同济大学张松，中山大学许永杰，西北大学王建新，南京大学水涛，四川大学李永宪、霍巍，吉林大学赵宾福，南京工业大学汪永平，北京市文研所赵福生、古建所侯兆年，河北文物局张立方、刘智敏、文保中心任亚珊，山西考古所张庆捷、宋建忠、文物信息咨询中心师悦菊，内蒙古博物院塔拉、考古所曹建恩、张文平，辽宁文保中心田立坤、陈术石，吉林文物局金旭东、考古所宋玉彬，黑龙江文物局盖立新、考古所张伟，山东考古所郑同修、孔庆生，安徽考古所宫希成，上海市文物局谭玉峰、浙江考古所李小宁，湖北文物局王凤竹、官信、考古所孟华平，重庆考古所邹后曦、文物局吴涛，广东考古所邱立诚，陕西考古所张建林、王炜林，青海考古所贾鸿键，宁夏文物局卫忠、考古所罗丰，新疆文物局盛春寿……他们亦师亦友，给了我很多帮助，在此一并致谢。

时光荏苒，忆往昔岁月，自己学习并从事文物工作一晃已有20年。这20年间，我既有发掘北京琉璃河西周燕都遗址、青海都兰吐蕃墓地的专业训练，又有参加山西孝义中阳楼、西藏扎塘寺、大昭寺文物保护的工作经历，还有对中国祆教遗存、古代陶瓷以及文化遗产保护的研究体验。这些历练多与"国保"有关，但是并不系统。这次能够把"国保"的研究和体会专门汇集成册，要特别感谢师弟吴聿立。

2008年初，聿立在广州日报副刊创办了"博雅版"，每周一版，专门向读者介绍文化遗产知识。因为爱妻在故宫工作，他特地约稿，希望她能开办一个介绍故宫国宝的专栏。2009年初，在忙碌了一年以后，爱妻感觉专栏的压力过大，向我求助。我便跃跃欲试，一来想把这些年来收集到的"国保"材料与广大读者分享，二来每个月固定的稿酬还可以贴补家用。说归说，开办专栏不仅要经得起专业的推敲，还要符合公众的胃口，聿立还邀请到齐东方教授、孙华教授开办"名家讲古"专栏，与这些老师同版并不容易。经过几期的磨合后，"国保新说"专栏总算固定下来，得到了认可。一晃"国保新说"专栏已经开设近3年，先后刊登100余篇文章，累计十几万字，上百张照片。这些内容的不断积累成为《国保札记》成书的点点滴滴。

这里还要感谢深爱我的家人，父亲长期以来的鼓励和支持是我完成这本书的动力。我要对爱妻达微佳深表歉意，2011年爱子飞黄的降生为家

国保札记

里增添了无尽的幸福，然而我却因为工作的繁忙、因为《国保札记》的写作照顾欠佳，多亏了两位妈妈的悉心呵护才使母子平安健康。爱妻自始至终对我的工作和写作全力支持，她把照顾儿子的重任默默承担下来，无怨无悔。仅以此书献给深爱我的家人！

最后，我要特别感谢黄景略和罗哲文两位先生。黄景略先生通读全书，提出了许多修改意见，并不辞辛苦为本书作序；罗哲文先生身体不适，仍题写了书名。他们的厚爱提携终生难忘！感谢科学出版社文物考古分社的学兄闫向东社长、孙莉老同学、樊鑫编辑，没有他们的支持和帮助，《国保札记》不可能顺利付梓。

滕 磊

辛卯年腊月于北海